융복합교육 실행연구 총서 1

창의융합적 문제해결력 신장을 위한

패스트패션 맥락의
융복합교육

차윤경 · 김선아 · 김시정 · 문종은 · 박미영 · 박영석 · 신혜원 · 안계명
유금복 · 이문우 · 이선경 · 정수용 · 주미경 · 황세영 공저

학지사

이 책은 2014년도 정부재원(교육부)으로 한국연구재단의 지원(한국사회과학연구지원사업)을 받아 수행된 연구 결과물이다 (NRF-2014S1A3A2044609).

This work was supported by the National Research Foundation of Korea grant funded by the Korean government (NRF-2014S1A3A2044609).

머리말

'새 술은 새 부대에 담아야 한다.'는 격언처럼 세계사회의 급속한 변화는 새로운 교육을 요구하고 있다. 21세기에 들어서며 인류는 전지구화, 문화적 다원화, 글로벌 경제의 등장, 지식정보화, 인구구조의 변화, 도시화, 환경오염, 양극화 등의 사회 변화에 따른 새로운 도전에 직면하고 있다. 이에 따라 미래사회 구성원들로 하여금 이와 같은 시대적 변화에 능동적으로 대처할 수 있는 역량을 키우도록 준비시키는 일이 매우 시급한 교육적 과제로 떠오르고 있다. 나아가 사회의 핵심 구성인자이자 동시에 궁극적인 행위 주체로서의 개인의 존재론적 위상과 인권에 대한 강조는 교육의 해방적 본질 회복에 대한 요구증대로 이어지고 있다. 특히, 최근 사회적으로 화두가 되고 있는 4차 산업 혁명은 인류사회가 지금까지 전혀 경험해 보지 못한 새로운 형태의 지식과 삶의 방식을 요구하는 시대로 접어들고 있음을 시사하고 있다.

그렇다면 한국사회는 이러한 새로운 시대적 요구에 적절하게 대응하고 있는가? 한국의 학교 현장에서는 입시 중심 경쟁이 팽배하여 수업에서 대다수의 학습자가 소외되고 있으며 미래에 대한 막연한 준비를 위해 소중한 오늘을 희생하며 무의미한 지식과 기능을 외우고 반복적으로 문제를 풀고 또 푸는 생활이 되풀이되고 있다. 이처럼 숨 막히는 생활 속에서 배움과 성장에 대한 열망은 시들어 가고 학습자의 일탈과 문제행동이 확산되며 학교는 붕괴의 위기에 놓여 있다.

융복합교육 실행연구 총서 작업은 융복합교육이 현재 교육의 문제점과 한계를 극복하기 위한 개혁의 패러다임이라는 인식에서 출발하였다. 저자들은 2011년부터 한국연구재단의 사회과학연구지원사업의 지원하에 융복합교육모델개발을 위한 공동연구에 함께 참여해 왔다. 그러면서 그간의 성과를 바탕으로 하여 새로운 가능성과 전락의 위기에 서 있는 한국사회와 학교, 그리고 세계사회가 교육개혁을 통해 지속발전가능한 미래 사회에 이를 수 있도록 협력적 참여와 소통의 장을 마련하고자 하는 노력의 일환으로 총서 작업을 시작하였다.

실행연구는 구체적인 실생활 문제를 해결하여 행위, 또는 삶의 질을 개선하는 것을 목표로 하여 행위당사자가 문제 상황을 인식하고 반성적 성찰과 실천을 바탕으로 지역적 차원의 적합성을 가진 변혁적 해결 방법과 이론을 탐색하는 연구 방법론으로서 최근 들어 교육 연구에서 그 기여도에 대한 인식이 확산되어 가고 있다. 모든 구성원의 성장과 행복을 보장하는 사회와 교육으로의 개혁은 다양한 집단이 비전과 전문성을 소통하며 비판적 성찰과 실증적 검증을 통해 보다 타당하고 현장에 적합한 해결 방안을 모색하는 협력적 관계 속에서 보다 효과적으로 실현가능하다.

이러한 관점에서 이 책은 저자들이 현재 교육이 가지고 있는 문제점과 한계에 대한 성찰을 바탕으로 계획한 해결 방안으로서 융

복합교육 프로그램을 소개할 것이다. 이 책에서 소개하는 융복합
교육 프로그램은 패스트패션, 에너지 문제, 환경 문제, 생물다양성,
인권, 정의, 평등, 평화 등과 같이 학습자가 살아가는 세계에서 접
하게 되는 문제를 활용하여 개발된 것이다. 이는 학습자가 본 총서
의 융복합교육 프로그램을 경험하는 과정을 통해 다양한 지식 영
역을 유연하고 창의적으로 넘나들 수 있는 융복합적 역량을 함양
하고 현대사회의 복잡성을 인식하고 다수의 행복을 위한 민주적
문제해결의 중요성을 배울 수 있도록 교육 환경을 조성하는 데 기
여하기 위함이다. 또한 이 책을 통해 저자들은 융복합교육의 관점
에서 실세계 탐구와 교과 학습을 연계할 수 있도록 교육과정을 재
구성하고 수업을 실행하는 과정의 경험을 공유할 것이다. 이러한
노력이 궁극적으로 교육 현장에 융복합교육 생태계 조성과 제도화
를 통해 모든 학습자에게 의미 있는 교육의 기회를 제공할 수 있는
교육으로의 개혁에 기여할 수 있기를 기대한다.

 이 책이 세상에 나오기까지 많은 사람의 노고가 있었다. 집필 일
정 관리, 원고 독촉, 원고 수정 등과 관련된 세세한 사항들을 묵묵
히 챙겨 준 연구단의 연구보조원들에게 진심으로 고마운 마음을
전한다. 끝으로 출판을 허락해 주신 학지사 김진환 사장님, 원고 정
리와 편집에 노고를 아끼지 않으신 이상경 님께도 감사의 마음을
전한다.

2017년 8월 행당동산에서
저자 대표 차윤경

차례

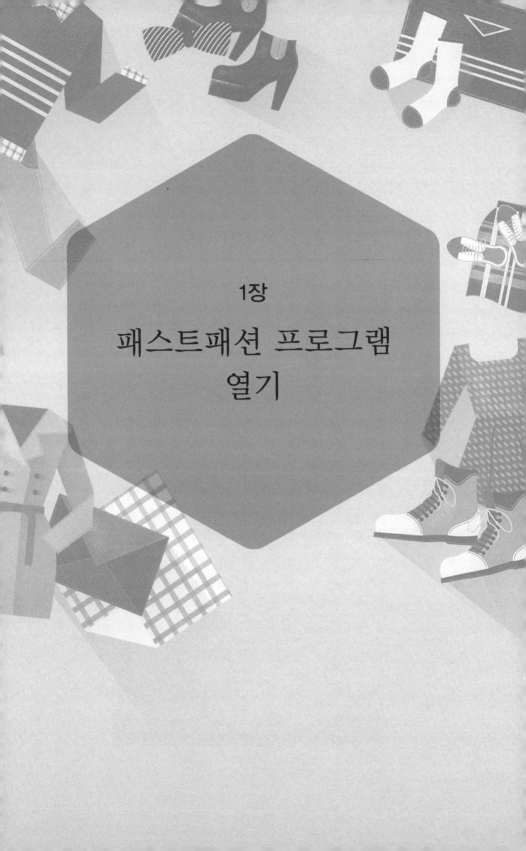

1장

패스트패션 프로그램 열기

1. 21세기 교육 개혁 패러다임으로서 융복합교육

1) 한국사회의 교육적 과제

우리나라는 지난 반세기에 걸쳐 세계사에 전례 없는 눈부신 경제 발전과 함께 민주주의의 성숙을 이룩하였다. 이와 같은 발전을 가능하게 한 핵심적인 원동력이 교육에 있다는 점은 의심의 여지가 없다. 우리 사회에서 교육은 범국민적 관심의 중심에 놓여 있으며 세계사회 역시 한국교육의 저력에 큰 관심을 가지고 있다. 우리나라 학습자는 대규모 국제비교 학업성취도 평가인 TIMSS나 PISA에서 세계 최상위 수준의 성취를 보여 왔으며, 세계 최고 수준의 '교육선진국'으로 인정받고 있다(김경희 외, 2008; 김성숙 외, 2016).

그러나 모순되게도 이와 같은 화려한 성취의 이면에는 우리 사회의 미래에 대한 어두운 전망과 우려가 자리 잡고 있다. 획일화된 주입식 교육과 극심한 입시 경쟁에 따른 부작용과 물질만능주의에 따른 무한경쟁 속에서 사회구성원 사이의 신뢰는 사라지고, 공공의 선에 대한 간과를 보여 주는 사례들이 우리 사회에서 빈번히 등장하고 있다. 이러한 상황에서 우리 사회가 지속가능한 발전을 이루기 위해서는 교육을 통해 창의적 사고력과 문제 해결력, 민주적 인성, 주체적인 삶을 영위할 수 있는 자주적 · 능동적인 태도 등을 두루 갖춘 미래 구성원을 키워 내야 한다.

한국 사회의 내부적 상황뿐만 아니라 세계적으로도 교육 개혁은 시급한 과제로 제기되고 있다. 끊임없이 생산되는 새로운 지식과 정보가 전 세계적 통신망을 통해 교류되는 지식 기반 사회로 진입함에 따라, 정보와 지식은 양적으로 급격하게 팽창하고 있으며 무엇을 교육의 내용으로 선택하고 가르쳐야 하는지에 대한 결정은 더욱 어려워지고 있다. 또한 기술의 발달에 따라 인적·물적 자원의 유동성이 증가하고 지역 사회나 국가, 문화 간의 연결성이 강화됨에 따라 민주주의, 자유, 평등 등 보편적인 문화 원리와 가치가 확산되고 개인성의 존중이 강조되는 세계시민사회가 등장하는 한편, 다른 한쪽에서는 인종, 민족, 종교 등을 둘러싼 갈등과 대립이 끊이지 않고 있다. 최근 사회적 화두가 되고 있는 '4차 산업 혁명'을 통해 세계 사회는 정보통신기술의 융합을 바탕으로 새로운 형태의 앎과 삶의 방식을 지향하는 사회로 재구조화되어 가고 있으며, 디지털화를 통해 일상생활에 다양한 편이를 제공함과 동시에 특정 전문 집단에 의한 지식의 독점, 기계화에 의한 다양한 윤리 문제 등을 초래하여 미래 사회의 지속성을 위협하고 있다(Schwab, 2014).

이와 같이 지식정보화, 문화적 다원화, 과학기술의 발전 등 전 지구적인 차원의 사회 변화에 따라 21세기 사회의 구성원이 갖추어야 할 자질과 역량은 크게 변화하였으나 학교는 이에 적절히 대응하지 못하고 지체현상을 보이고 있다. 오늘날의 학교는 교육을 통해 노동력을 확보하고 애국심을 갖춘 국민을 양성하여 안정된 국가 통치 기반을 확충하고 국가경쟁력을 강화하고자 했던 19세기 사회의 제도적 산물이다. 전통적 관점에서 학교교육은 사회의 기술, 산업, 경제를 유지 발전시키는 데 필요한 지식과 기능을 갖춘 인력을 양성하고 사회 구조를 재생산하는 기능을 담당해 왔다(한용진, 2010). 현대 학교교육에서 이와 같은 교육에 대한 도구적 관점

의 확장은 삶의 지평을 넓히며 인간을 자유롭게 하는 교육의 해방
적 기능이 상대적으로 간과되는 결과를 초래하였다. 그 결과 학교
는 학습자가 자율적인 삶의 주체로서 성장할 수 있는 기회를 누릴
권한을 보장하는 교육을 제공해야 하는 본연의 기능을 상실하고
표준화된 기준에 따라 수많은 낙오자를 양산하는 기관으로 변질되
었다.

그러나 세계시민사회의 등장과 함께 개인은 사회의 핵심 구성인
자이며 동시에 궁극적인 행위 주체로서 그 존재론적 위상이 강화
되고, 개인의 인권에 대한 존중과 지지는 현대사회에서 조직과 운
영의 핵심원리로 강조되고 있다. 이러한 시대적 변화 속에서 도구
적 효용성 중심의 획일화된 교육으로부터 탈피하여 교육의 해방
적 기능을 복원해야 한다는 요구가 점차 증대되는 것은 자연스러
운 현상일 것이다. 이러한 맥락에서 최근 들어 우리나라의 교육정
책이 학습자의 다양성과 창의성, 창의 융합형 교육과정 개발과 문
이과 통합형 교육과정으로의 개정, 자유학기제의 도입과 확산 등
이 정책적으로 강조되고 있다. 그리고 그러한 교육목표를 달성하
기 위한 교육적 방안으로 융복합교육이 강조되고 있다.

융복합교육은 흔히 교과 간 통합교육으로 생각되지만 이 책의
저자들은 융복합 현상의 인식론적 규범을 바탕으로 하는 교육으로
접근하고자 시도하였다. '융복합'은 이전에 하나의 단위로 확립되
어 있었던 서로 다른 다양한 분야가 만나서 새로운 영역을 만들어
내는 현상의 특징을 지칭하는 용어이다. 융복합 현상은 학문과 문
화, 과학기술과 예술, 철학, 법 등 다양한 전문 영역 사이에서 활발
히 이루어지고 있고 나아가 다원화, 세계화되어 가는 현대 사회의

맥락에서 민족, 인종, 국가, 계층 등 상이한 문화적 배경을 지닌 이질적 집단 구성원들 사이에서 이루어지는 차이와 다양성의 경계를 넘어선 협력적 소통과 이해 과정에서도 등장하고 있다. 이러한 맥락에서 융복합 현상은 21세기 사회의 주요한 변화 동향이라고 할 수 있으며 이는 분과적 합리성을 추구했던 근대주의로부터 탈피하는 경향으로 볼 수 있다.

이러한 관점에서 볼 때, 융복합교육은 학습자의 개별성과 다양성 및 지식의 융합·복합성을 아우르는 교육적 실천으로서 모든 학습자가 각자 자신의 학습과정에서 다양한 방식으로 의미 있는 지식 탐구 과정을 경험하고 그 다양하고 복합적인 지식 산출물을 융합하는 과정을 거치면서 진정성 있는 학습 성과에 도달하는 것을 강조한다(함승환 외, 2013). 이는 융복합교육이 융복합 현상이 지향하는 인신론적 규범을 바탕으로 하여 획일적으로 표준화된 기존의 학교교육에서 탈피하여 학습자의 개별성과 다양성을 존중하며 궁극적으로 모든 사회 구성원이 누려야 할 전인적 인격체로서의 권한과 자유가 보장되는 평등한 사회 구현을 위한 학교교육으로의 개혁을 지향함을 의미한다(차윤경 외, 2016). 양적으로 비약적인 성장을 이룩한 우리 사회는 무한경쟁에 따른 인간소외의 위험성을 경험하였고 이를 통해 개인의 권한과 자유, 행복, 평등, 정의가 보장되는 교육으로의 변화를 절실히 희망하게 되었다. 이러한 교육 개혁을 실현하기 위한 패러다임으로서 융복합교육에 대한 관심이 사회적으로 확산되고 있는 상황에서 교육과정을 비롯한 학교교육의 전반적인 시스템이 아직 분과적 체제를 유지하고 있어서 많은 교사들이 융복합교육을 실제로 실천하는 데 어려움을 겪고 있다.

이러한 맥락에서 이 책에서는 현대 사회 구성원들이 일상생활에서 자주 접할 수 있는 패스트패션 맥락에서 등장하는 주제와 이슈를 중심으로 개발된 융복합교육 프로그램 사례를 소개하고자 한다. 이를 통해 이 책에서는 융복합교육에 대한 개념적 논의를 발전시키고, 패스트패션과 같이 일상 속에서 직면하는 문제에 대한 학습자의 탐구와 연결 지어 교육과정을 재구성하는 방법을 제시함으로써 융복합교육의 확산과 정착에 기여하고자 한다.

2) 왜 패스트패션인가?

패스트패션(Fast Fashion)이란 주문을 하면 바로 먹을 수 있는 패스트푸드처럼 유행에 맞춰 트렌드가 될 만한 아이템을 빠르게 기획, 제작하여 유통시킨다는 의미에서 생겨난 명칭이다. 패스트패션은 디자인을 우선시하고 생산·유통 과정에서 발생하는 비용을 절감하여 가격이 저렴한 게 특징이며 빠른 상품 회전과 유행에 맞춘 출고로 인해 유행에 민감한 10대뿐만 아니라 전 연령층을 대상으로 확산되었다. 전 세계적으로 급성장한 패스트패션 기업의 성공사례는 새로운 창의적 비즈니스 모델을 제공하는 선도적 역할을 한 것으로 평가받기도 하였다(연철웅, 2016). 그러나 동시에 패스트패션의 확산은 사회적으로 여러 가지 부작용을 초래하기도 하였다(Cline, 2013).

예를 들어, 패스트패션은 빠른 유행에 맞추기 위해 '더 싸게, 더 많이, 더 다양하게' 의류를 제작하면서 유해한 의류 쓰레기를 양산하였다. 버려진 의류는 소각 처리되면서 이산화탄소와 다이옥신 등 각종 유해물질을 발생시켜 지구 온난화의 원인이 되고 있다. 저가로 의류를 제작하기 위하여 인체와 환경에 유해한 물질을 사용하고 생산과정에서도 난분해성 유해물질을 배출하여 심각한 환경오염을 유발하였다. 뿐만 아니라 트렌드의 급속한 변화에 맞춘 과소비 문화가 등장하였고, '더 싸게, 더 많이, 더 다양하게' 소비하고자 하는 욕구로 인해 가난한 지역에 사는 수백만 명의 비정규직 노동자가 열악한 노동 환경 속에서 저임금에 착취당하고 있다.

이와 같이 패스트패션에 대한 열광의 이면에는 과소비, 환경 파괴, 노동 착취 등의 불편한 진실이 숨어 있다. 이러한 측면에서 패스트패션을 둘러싼 다양한 문제와 이슈를 탐구하는 과정을 통해 학습자는 우리가 살아가는 세계가 다양한 관점과 이해 관계로 복잡하게 얽혀 있으며, 그 안에서 직면하는 문제 상황들을 해결하기 위해서는 문제를 둘러싼 상황들에 대한 폭넓은 이해와 사려 깊은 판단을 필요로 한다는 점을 인식할 수 있을 것이다. 예를 들어, 2012년 4월 24일 방글라데시 의류 공장이 무너지며 1,127명의 어린 소녀와 여성 노동자가 목숨을 잃은 사건이 발생했다. 이들을 고용했던 세계적인 패스트패션 기업이 지급한 시급은 단돈 260원이었다. 이러한 패스트패션 기업의 비윤리적 행태를 방지하기 위한 방안으로 불매운동을 벌일 수 있을 것이다. 그러나 하루하루의 생계를 걱정하며 열악한 환경에서 저임금·고강도의 노동을 감내해야 하는 노동자의 입장을 고려한다면, 노동 착취를 방지하기 위해 단순히 패스트패션 불매운동을 벌이는 것은 현명한 해결 방안이 아닐 것이다. 이처럼 패스트패션에 대한 탐구는 특정 판단을 주입하는 것이 아니라 우리 삶 속의 문제를 주목하고 그 복잡성을 이해하며 최대 다수가 공생 공영할 수 있는 의사결정에 도달하기 위한 방법과 노력의 가치를 배우는 과정이라고 할 수 있다.

　민족, 인종, 성별, 종교 등의 차이로 점차 다원화 되어 가는 미래 세계사회에서 제기되는 문제 해결은 다양한 분야의 지식과 기능을 필요로 한다. 뿐만 아니라, 모든 구성원이 더불어 행복하게 살아갈 수 있는 사회를 실현하기 위하여, 우리가 당면하는 현실 속 문제를 해결하려면 다양한 집단의 입장과 관점 차이에서 비롯될 수 있는 이견과 갈등에 대해 공감적으로 이해하고 민주적 소통 과정을 통해 상생을 위한 의사결정에 도달할 수 있는 역량을 필요로 한다. 그리고 이는 바로 융복합교육이 지향하는 교육의 목표점이다. 이 책의 저자들은 이러한 역량 함양을 위한 방안으로 패스트패션을 맥락으로 하여 융복합교육 프로그램을 개발하고 수업을 실행하였다. 패스트패션 맥락에서 제기되는 소비, 노동, 환경 등의 이슈는 국어, 영어, 수학, 사회, 과학, 미술 등 다양한 교과의 주요 개념과 밀접한 관련성을 갖는다. 이 이슈들은 그 복잡성으로 인해 교과 간 연계를 통해 보다 효과적으로 탐구될 수 있다. 또한 이러한 복잡한 이슈에 대한 문제해결과 의사결정을 하기 위해서 학습자는 단순히 교과 지식을 답습하는 수준을 넘어서 여러 가지 자료를 검색하며 다양한 집단의 지식과 관점을 능동적으로 탐구하고 그 결과를 종합해야 한다. 그리고 자신과는 상이한 탐구 결과를 구한 다른 학습자와 민주적으로 소통하며 다수의 필요와 관점을 만족시킬 수 있는 해결 방안을 탐색하는 경험을 하게 될 것이다. 이와 같이 패스트패션은 단순히 교과 간 연계 수준을 넘어 교과를 포함한 광의의 지식과 관점, 학습자, 실세계 사이의 유기적 연계를 바탕으로 한 학습을 가능하게 하는 맥락을 제공할 수 있다. 그러한 학습 맥락 속에서 학습자는 자신의 삶에서 중요한 의미를 갖는 문제를 해결하기 위하여 기존의 지식을 탐색하고 그 결과를 종합하여 새로운 정보와 지식을 생산하는 자율적이고 능동적인 주체로서 권한과 역량을 경험하고 함양해 갈 수 있다. 자율적이고 능동적인 지식 생산 주체로서 학습자는 각자 자신만의 고유한 관점과 방법을 제안하게 될 것이다. 또한 이러한 다양성에 대해 개방적이고 수용적인 교실에서 집단지성을 접하며 인식의 지평을 확장하고 민주적 소통 역량을 학습하게 될 것이다. 이러한 측면에서 이 책의 저자들은 패스트패션을 융복합 수업에 적합한 맥락으로 선택하여 프로그램으로 개발하였다. 이 책은 패스트패션 프로그램의 개발과 실행에 대한 경험을 공유함으로써 인권, 정의, 평화에 관련된 다양한 쟁점을 인식하고 다양한 교과 지식을 창의적으로 융합하며 문제 해결 방안을 탐색하고 민주적 소통 과정을 경험할 수 있는 학습 환경이 교육현장에 확산되는 데 기여하고자 한다.

2. 패스트패션 프로그램의 구성

패스트패션은 현실적 삶의 맥락에서 공감대를 형성하고, 민주적 소통 과정을 통해 의사 결정에 도달하기 위해 활용될 수 있는 유용한 주제이다. 그러나 이 주제를 융복합교육 프로그램으로 활용하기 위해서는 몇 가지 고려해야 할 점이 있다. 이 절에서는 융복합교육의 원리와 구성틀을 소개하고자 한다. 교사들은 이 절을 통해 융복합교육 프로그램을 설계하고 실행하는 과정에 적용할 수 있는 구성틀과 원리를 확인할 수 있을 것이다.

1) 융복합교육 주제로서 패스트패션

'패스트패션'은 다양한 교과와 개념을 연결하는 융복합교육의 주제가 될 수 있다. 패스트패션에서 다루는 소비활동은 사회의 합리적 선택과 수학의 함수를 연결하며, 패스트패션에서 다루는 염색활동은 과학의 염료 성질에 대한 탐구, 미술의 표현에 대한 탐구와도 연결된다. 패스트패션은 다양한 교과의 현상을 융합한다는 측면에서 융복합교육의 주제로 활용할 수 있다.

융복합교육은 지식의 융합, 지식의 협력적인 구성을 특징으로 한다. 융복합교육은 학교에서 학습자를 지식 구성의 능동적 주체로 인정하고 존중한다(함승환 외, 2013). 학습자 삶과 밀접한 지식을 구성하도록 하고, 학습자의 능동적 참여를 강조한다. 학습자 개개인의 다양성을 존중하고 이들이 협력적으로 참여할 수 있도록 한다.

2) 패스트패션 프로그램, 어떻게 만들어졌을까?

패스트패션 프로그램은 어떻게 만들어졌을까? 이선경 외(2013)는 융복합교육의 목표와 방식을 포함하여 융복합교육 구성틀을 3가지로 제시하였다. 우선, '융복합교육의 목표'에서는 역량을 중심으로 융복합교육의 목표를 진술하였고, '융복합 방식'에서는 학문적 통합 방식을 다루었다. 마지막으로 '융복합 맥락'에서는 환경확대를 중심으로 융복합 맥락을 서술하였다.

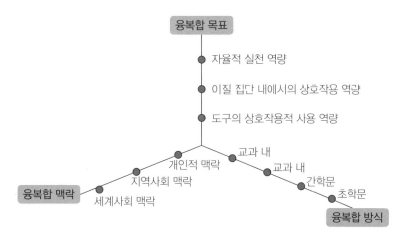

[그림 1-1] 융복합교육 프로그램 구성틀

융복합교육의 목표는 현대 사회에서 요구하는 핵심역량을 중심으로 삼는다. 융복합교육 목표의 세 가지 범주는 '도구의 상호작용적 활용 역량' '이질적인 집단에서의 상호작용 역량' '자율적 행동 역량'이다.

도구의 상호작용적 활용 역량은 언어, 테크놀로지 등을 활용하

여 창의적 결과를 도출하기 위한 역량이다. 패스트패션 프로그램
은 컴퓨터를 활용한 가상 쇼핑 활동, 인터넷을 활용한 정보 검색 활
동 등으로 설계되었다. 학습자는 모둠별 주제와 관련하여 원하는
정보를 얻기 위해 인터넷 검색, 전문가 인터뷰, 모둠별 토론을 하
고, 인터넷을 검색에서 찾은 수많은 정보 중 필요한 정보가 무엇인
지 구분, 선택하는 활동을 한다. 학습자는 원하는 답을 얻기 위해
전문가에게 어떤 질문을 해야 하는지를 고민하고 전문가와 대화한
다. 모둠 활동을 통해 수집한 자료를 어떤 방식으로 구성할 것인가
를 논의하고 정리한다. 이러한 측면에서 도구의 상호작용적 활용
역량은 교육과정에서 추구하는 '지식 정보 처리 역량'과도 연관성
이 있다.

　이질적인 집단에서의 상호작용 역량은 학습자가 다른 학습자와
의 관계에서 협업 능력, 갈등관리 능력, 공감 능력 등을 기르는 것
을 의미한다. 패스트패션 프로그램에서 학습자는 마인드맵 그리
기, 사회적 영향 토론하기, 염색하기 등과 같은 여러 가지 모둠활동
에 참여하며 자신의 생각을 표현한다. 때때로 학습자 간 이견이 발
생하는 경우, 대화와 설득을 통해 갈등을 조정한다. 이 프로그램에
서는 사회문화적 이질성을 이해하기 위하여 패스트패션을 생산하
는 방글라데시 공장의 아동 노동에 대한 실태를 다룬다. 학습자는
인류 공동체의 입장에서 방글라데시 아동의 인권을 존중해야 한다
는 점을 깨닫게 된다. 학습자는 공장 폐수로 인한 수질 오염이 공
동체의 환경에 미칠 영향에 대해 고민하게 된다. 학습자는 패스트
패션 프로그램을 통해 공동체의 삶을 이해하게 된다. 이러한 관계
맺기, 모둠 활동을 통한 협업, 의사소통, 공동체의 삶에 대한 이해

도구의 상호작용적 활용 역량	• 언어, 테크놀로지 등을 활용한 창의적 결과 도출	가상쇼핑 정보검색 전문가 인터뷰
이질적인 집단에서의 상호작용 역량	• 협업 능력, 갈등관리 능력, 공감 능력	마인드맵 그리기 토론하기 염색 활동
자율적 행동 역량	• 개인의 인생을 위한 행동 변화, 세계 시민으로서 변화를 야기	패스트패션 소비 자원, 환경의 문제 공동체에서의 역할

[그림 1-2] 융복합교육 목표의 세 가지 범주

는 학습자에게 이질적인 집단에서 상호 작용 역량을 함양하는 데 도움이 될 뿐 아니라, 이는 교육과정에서 추구하는 '의사소통 역량' '공동체 역량'과도 밀접하게 연관이 된다.

자율적 행동 역량은 자신의 인생을 위한 행동 변화, 세계시민으로서 행동변화를 촉진하기 위한 역량이다. 학습자는 패스트패션 프로그램을 통해 공동체를 위해 내가 어떤 행동을 해야 할 것인가를 생각해 보는 기회를 갖는다. 이 프로그램에 참여한 학습자는 스스로 무분별한 소비를 하지 않아야겠다고 다짐하기도 하였다. 학습자는 단순한 쇼핑 행위가 지구차원의 자원과 환경문제까지 연관된다고 깨닫게 된 것이다. 한편, 패스트패션 프로그램은 미리 정해진 답을 요구하는 것이 아니라 학습자가 스스로 생각하고, 다른 사람의 삶을 이해하고, 공감하며 해결방안을 찾도록 안내한다. 학습자는 마인드맵을 그리는 과정에서, 프로세스폴리오를 정리하는 과정에서, 모둠별 주제를 탐구하는 과정에서 자유롭게 생각하고 표현한다. 학습자는 패스트패션 생산 공장에서 아이들의 일하는 실태를 듣고, 생산 공장의 안전 시스템 부재로 건물이 무너진 뉴스를 보는 과정에서 이들의 아픔을 공감하고, 이를 시정하기 위한 방안을 제안하기도 했다. 이러한 자율적 행동 역량은 교육과정에서 추구하는 '자기관리 역량' '창의적 사고 역량' '심미적 감성 역량'과 연관되어 창의적 융합인재로서 학습자의 성장을 도울 수 있다.

융복합 교육의 방식은 개별 학문 내에서 통합하는 방식과 학문 간 통합 방식으로 구분된다. 구체적으로는 단학문적 통합, 다학문적 통합, 간학문적 통합, 초학문적 통합 방식으로 구분할 수 있다 (Drake & Burns, 2006; Forgarty, 2009; 차윤경 외, 2014). 단학문적 통합

단학문적 통합	• 한 학문 내에서 각각 다루어지는 개념, 원리, 사고방식 등을 통합	섬유의 특성 +섬유 기술 발전(과학)
다학문적 통합	• 특정 주제를 개별 학문이 독립성을 유지한 채 연관 지어 다루는 형태의 통합	환율 결정 원리(사회) +환율 계산(수학)
간학문적 통합	• 두 개 이상의 학문에서 공통적인 개념, 주제 등을 상호 관련시키거나 결합시키는 형태의 통합	염색, 희석(과학) +희석수 추정(수학)
초학문적 통합	• 실세계 맥락을 중심으로 주제가 설정, 프로젝트 학습을 통해 실행	유튜브 동영상 만들기

[그림 1-3] 융복합교육의 방식

방식은 하나의 학문 내에서 각각 다루어지는 개념, 사고방식 등을 통합한 것이고, 다학문적 통합은 환경, 사회 변화 등 특정 주제를 개별 학문이 독립성을 유지한 채 연관 지어 다루는 형태의 통합을 의미한다. 간학문적 통합은 두 개 이상의 학문에서 공통적인 개념, 주제 등을 상호 관련시키거나 결합시켜 새로운 의미를 구성하는 통합이며, 초학문적 통합은 학문을 초월하여 학습자의 실세계 맥락을 중심으로 주제가 설정되고, 실행되는 형태의 통합을 의미한다.

　패스트패션 프로그램은 기본적으로 다학문적 통합으로 구성되어 있으며, 국어, 사회, 수학, 과학, 미술 등의 교과에서 연관된 학습요소를 도출하여 각 교과의 교육과정과 연계되도록 설계되었다. 부분적으로는 다양한 형태의 통합을 찾아볼 수 있었다. 예를 들어, 5차시 옷의 소재와 성분을 분류하는 활동은 과학 영역에서 섬유의 특성에 대한 지식과 섬유 기술 발전을 함께 다루는 단학문적 통합을 나타내고 있으며, 13차시 산업 노동자의 임금 비교 활동에서는 환율의 결정 원리에 대한 경제적 지식과 환율 계산에 대한 수학 지식을 다학문적으로 통합된 형태를 보여 준다. 7차시 희석 활동에서는 염색, 희석에 대한 과학적 지식과 염색액의 단위, 물의 양, 염색약의 농도 비율에 대한 수학적 지식이 간학문적으로 통합된 형태를 볼 수 있다. 마지막으로, 17, 18차시의 유튜브 동영상 만들기 활동은 학습자의 활동 자료를 종합한다는 측면에서 초학문적 통합의 형태를 띠고 있다고 볼 수 있다. 연구진은 패스트패션을 주제로 각 차시별 순서와 교수·학습 내용을 정하였고, 이러한 내용이 서로 자연스럽게 연결되면서 학습할 수 있도록 설계하였다.

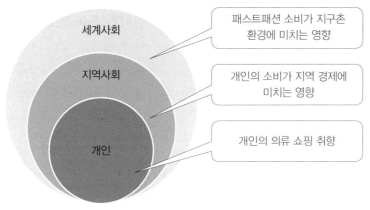

[그림 1-4] 융복합교육의 맥락

융복합교육에서는 융복합맥락을 고려한다. 학습자는 개인으로서, 사회의 구성원으로서, 세계 시민으로서 삶을 살아가기 때문에 이러한 맥락이 고려될 필요가 있는 것이다. 융복합교육의 맥락은 구체적으로 개인적 맥락, 지역사회 맥락, 세계 사회의 맥락으로 구분된다.

패스트패션 프로그램에서의 소비활동은 개인의 쇼핑 취향을 다루는 것에서 그치는 것이 아니라 사회적 맥락에서 지역 사회의 기업, 경제 활동에 미치는 영향을 다루고, 세계적 맥락에서 패스트패션 소비가 지구촌의 환경에 미치는 영향을 다룬다. 학습자는 개인적 맥락에서 자기 자신의 흥미와 관심을 고려하고, 지역사회 맥락에서 기업의 경제성장과 관련하여 관심을 기울이고 자신의 역할을 생각하게 된다. 또한 세계사회의 맥락에서 환경오염을 줄이기 위해, 지속가능한 발전을 위해 행동하게 된다.

3) 패스트패션 프로그램에는 어떤 원리가 숨어 있을까?

패스트패션 프로그램은 융복합교육에서 추구하는 역량을 함양하는 것을 목표로 하고 있다. 도구의 상호작용적 활용 역량, 이질적인 집단에서의 상호작용 역량, 자율적 행동역량이 그것이다. 프로그램은 학습자가 이러한 역량을 함양할 수 있도록 설계되고, 실행된다. 그런데 이 과정에서는 융복합교육의 원리가 내포되어 있다. 교사들은 패스트패션 프로그램에 포함된 ABCD 원리를 이해함으로써 융복합교육에 한발 더 가까이 다가가게 될 것이다. ABCD 원리는 자율성(Autonomy), 가교성(Bridgeability), 맥락성(Contextuality), 다양성(Diversity)을 의미한다(차윤경 외, 2014; 차윤경 외, 2016)

첫째, 자율성(A) 원리는 학습자 스스로 문제를 도출하고, 해결하는 것을 의미한다. 패스트패션 프로그램에서는 문제 인식과 문제 분석, 문제 해결의 과정을 통해 학습자가 마주하는 현실 속 문제의 쟁점을 도출하고, 문제 해결을 위해 탐구한다는 점에서 자율성을 반영하고 있다.

둘째, 가교성(B)의 원리는 자기가 가진 지식을 공유하고 조율하는 원리이다. 패스트패션 프로그램에서 학습자가 제안하는 아이디어는 학습자 자신에게 의미 있는 지식이다. 그러나 개별적인 지식만 갖고는 문제를 해결하는 데 한계가 있다. 학습자는 자신의 생각을 협력적으로 소통하고, 토론과 협의를 통해 타자의 관점에서 조율하게 된다.

셋째, 맥락성(C)의 원리는 자기 삶의 맥락을 이해하고 세계 시민

[그림 1-5] 융복합교육의 ABCD 원리

으로서의 역할을 인식하는 것이다. 학습자는 패스트패션으로부터
파생되는 긍정적인 효과와 부정적인 효과를 다각적으로 인식하여
세계 시민으로서 인류 보편적인 원리에 부합하는 삶의 방식을 모
색하게 된다.

　넷째, 다양성(D)의 원리는 다양한 관점과 아이디어를 도출하는
원리이다. 다양성은 패스트패션 수업에서 학습자의 관점이 모둠별
탐구와 전체 토론을 통해 표현되도록 하는 교수 · 학습 방법에 반
영되어 있다. 학습자는 자기 주도적인 탐구의 과정에서 다양한 아
이디어를 도출하게 된다.

3. 패스트패션 프로그램 읽기

1) 프로그램 개발의 과정

교사들에게 STEAM 등 융복합교육 프로그램은 이미 낯설지 않을 것이다. 그러나 실제 학교 현장에서 교사가 손쉽게 활용 가능한 안내를 상세하게 제공하면서도, 융복합을 위한 융복합이 아닌 진로지도나 범교과적 이해 등 융복합교육 본연의 기대 효과인 학습자의 역량을 기를 수 있는 프로그램은 드문 편이다.

프로그램의 개발은 먼저 실세계의 융복합성을 잘 반영한 제재를 찾는 것부터 시작되었다. 각 교과 및 일반 교육학의 전문가가 모여 숱한 고민의 시간을 보냄으로써, 각 교과의 의미 있는 내용 요소를 고루 반영하면서도 학습자에게 시의적이며 흥미를 끌 수 있는 제재로 '패스트패션'을 발견할 수 있었다. 그리고 패스트패션을 핵심 제재로 선택한 뒤에는 이를 각 교과에서 재해석하여 이를 일관된 논리로 조직하는 과정이 이뤄졌으며, 이러한 절차를 통하여 1차 프로그램을 개발하였다. 연구단에서 개발한 프로그램은 연구진이 실제 교사의 역할을 맡아, 중학생에게 두 차례에 걸쳐 프로그램을 시행하였고, 이를 통해 프로그램 시행상의 문제점을 적잖이 보완하였으며, 각 과정별 노하우도 상당히 얻을 수가 있었다. 물론 연구진이 프로그램을 개발하며 얻은 경험과 노하우 등은 이 책에 고스란히 담겨 있다.

[그림 1-6] 융복합교육 프로그램 개발 논의 과정

융복합교육을 위하여 어떠한 방식을 택하더라도 중요한 것은 각 교과의 교사나 전공자 간의 협업의 과정이다. 숙의의 과정은 본래 특정 교육과정 개발의 한 절차로 거론된 것이지만, 서로 다른 교과 나 전공 간의 유사성이나 상이성을 발견하게 하고, 새로운 가능성 을 찾게 한다는 점에서 융복합교육을 실행하기 위한 프로그램 개 발의 과정에서도 매우 중요한 과정이다. 융복합교육 프로그램을 개발하기 위한 숙의의 과정에서 가장 중요한 것은 자신의 전공이 나 교과를 내세우기보다는 학습자에게 교육의 형태로 제공될 학습 경험을 상상하는 일이다. 개별 교과의 체계나 지식의 전수가 목적 이 되는 것이 아니라, 실세계의 융복합성을 체험하고 탐구하도록 하는 데 자신의 교과가 무슨 역할을 할지에 대하여 새로운 각도로 사고할 필요가 있기 때문이다. 또한 이러한 숙의의 과정은 교사도 학습자 못지않게 의미 있는 융합적 학습 경험을 얻게 되는 과정이 기도 하다.

융복합교육의 실천을 위한 교사들의 교육과정 개발 과정은 크게 세 단계로 구분할 수 있다(김선아 외, 2013).

첫째, 플랫폼(platform) 구성 단계이다. 달리 '강령'이라고 부르기 도 한다. 여기서는 다양한 배경을 가진 교사들이 개념, 이론, 목적,

이미지, 순서 등 다양하고 거시적인 면에서 초기의 합의를 이뤄가는 단계이다. 이 책의 저자들은 플랫폼 단계에서 패스트패션이라는 이슈를 상호 검토하면서 각 교과가 지닌 관련성을 공유하였다.

둘째, 숙의(deliberation) 단계이다. 숙의란 심도 깊은 의사결정 과정을 의미한다. 각 교과를 위한 교육의 실천자로서의 교사는 때로는 갈등을 겪기도 하고, 타 교과에서 자신의 교과가 지닌 위상이나 본질에 대해 되돌아보는 경험을 하기도 한다. 이 책의 저자들은 숙의의 과정에서 패스트패션 프로그램에서 다룰 역량이나 핵심 개념, 기능 등에 대하여 심도 깊게 논의하고 결정하였다.

셋째, 설계(design) 단계이다. 숙의의 과정은 결국 교사의 구체적 행동을 지향하게 된다. 이 단계의 교사는 실제적인 수업을 진행하기 위하여, 숙의를 통해 결정된 내용들을 교수·학습 차원에서 실천하는 문제를 고민하게 된다. 융복합교육의 내용이나 방법 이외에도 학교의 정책이나 여건 등도 이 단계에서 주요한 고려 사항이다.

융복합교육은 본질적으로 단일한 지적 체계나 접근이 아니라, 실세계와 지식이 본래적으로 지닌 전일체적 성격을 지향한다. 이러한 관점에서 융복합교육의 개발 과정은 서로 다른 교과 간의 협업과 개발 과정을 통해 이를 구현한다는 점에서 중요한 의미를 지닌다.

2) 프로그램의 내용과 체제 구성

이 책을 읽는 독자는 주로 교사일 것이나 융복합교육의 실천적 양상을 연구하고자 하는 연구자나 관심 있는 일반인들도 쉽게 읽을 수 있도록 구성하였다. 패스트패션 프로그램은 '국어, 영어, 수학, 사회, 과학, 미술'의 여섯 교과가 참여하였으며, 각 교과의 입장에서 패스트패션을 해석한 내용이 '패스트패션과 교과'이며, 실제로 프로그램을 교수·학습의 과정을 수록한 것이 '패스트패션 수업의 실제'이다. 한편, 각 차시의 수업을 마쳤거나 프로그램 전체를 마친 뒤에 학습자를 평가하는 것과 관련된 부분이 '패스트패션의 평가'이다. 또한 '부록'에는 실제 프로그램을 수행하며 사용한 활동지나 각종 자료 등을 풍부하게 수록하였다.

이 프로그램의 내용은 구체적으로 다음과 같이 구성되어 있다.

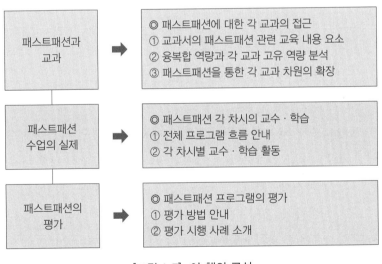

[그림 1-7] 이 책의 구성

(1) 패스트패션 프로그램과 교과

2장 '패스트패션 프로그램과 교과'에서는 각 교과의 관점에서 패스트패션이라는 제재를 재해석한 결과를 담았다. 이 연구단에서 볼 때, 융복합교육은 끊임없이 역동적으로 변화하고 있는 교육 현상이며, 본질적으로 교사의 주체적인 해석이나 교육과정 재구성을 의도하고 있으므로, 각 교과 관점에서 교사가 실행할 수 있는 자원을 제공할 필요가 있다고 판단하였다. 이에 패스트패션과 관련하여 현행 교과서에서 활용할 수 있는 대표 제재나 사례를 제시하고, 융복합교육의 역량이라는 관점에서 각 교과에서 제시하고 있는 고유한 역량이 서로 다른 차원이 아니라 상호소통하는 성질의 것임을 보이기 위하여 노력하였다. 그리고 각 해당 교과가 중심이 되는 입장에서 본 연구가 실행한 프로그램과는 다른 방식으로 패스트패션 프로그램을 확장하고자 할 때, 적절히 활용될 수 있는 확장 방안 등을 다양하게 제안하였다.

(2) 패스트패션 중심의 융복합 수업의 실제

3장 '패스트패션 중심의 융복합 수업의 실제'에서는 패스트패션을 기반으로 한 융복합교육의 모범 사례로서 이 연구단이 실제 수행한 프로그램을 각 차시별로 제시하였다. 실제 수업에 참조할 수 있도록 각 차시에 해당하는 교육과정의 성취 기준을 제시하였으며, 교수·학습의 '도입-전개-정리'라는 흐름에 적절한 교수학습 활동을 상세하게 제시하였다. 또한 각 활동별로 학습자가 실제 수행한 결과물을 풍부한 사진 자료로 제시함으로써 수업에 대한 실제적 감각을 전달하고자 하였다. 그리고 각 수업 차시에 대한 심화 및 확장 방안, 진로지도와의 연결 방안, 수업 진행의 유의 사항 등 수업의 실제와 관련되는 유의미한 정보를 제공하였다. 융복합교육의 실행이라는 면에서 정답은 있을 수가 없으므로, 이 책에서 다양하게 제공되는 정보는 각 현장의 실정에 맞게 이 책의 일부만을 발췌하여 융복합 수업으로 활용할 수도 있고, 때로는 이 책과 전혀 다른 방향에서 발전적으로 활용할 수도 있을 것이다.

(3) 패스트패션 프로그램에서 학습자평가

4장 '패스트패션 프로그램에서 학습자평가'는 패스트패션 프로그램을 시행한 뒤에 학습자를 평가하는 다양한 방법을 담고자 하였다. 일정한 교육 내용을 교수·학습하고 평가하는 일반적인 수업과는 달리, 융복합교육은 학습자의 융복합적 역량을 중점적으로 평가하고자 하므로 평가의 중점이나 적용하는 방식에서 정도의 차이가 있다. 융복합교육에서 적용할 수 있는 평가는 일반적인 평가와는 다른 점이 있으므로 실제로 평가에서 활용하거나 원용할 수 있는 다양한 평가지의 양식이나 평가 방법 등을 실용적인 관점에서 소개하였다. 실제 학습자 및 교사의 평가 사례도 비교적 상세하게 수록하였다.

3) 패스트패션 수업 아이디어의 가능한 모습들

[그림 1-8]의 마인드맵에서 볼 수 있듯이, 패스트패션은 삶의 다양한 맥락과 폭넓게 연결되어 있으며 다양한 교과의 핵심 개념 및 주제와 관련되어 있음이 확인된다. 우리가 살아가며 접하는 숱한 신문기사나 이슈, 산물 등이 모두 실세계의 융복합성을 얼마간은 반영하고 있기 마련이다.

이 책은 앞서 소개한 바, 각 교과의 전공자들이 모여 패스트패션

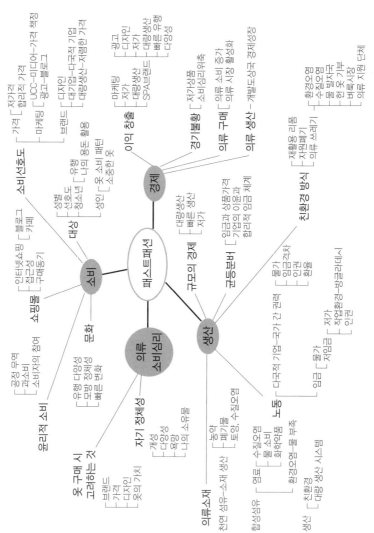

[그림 1-8] 패스트패션 마인드맵

이라는 제재를 놓고 수많은 숙의 과정을 거쳐 프로그램을 개발한 것이다. [그림 1-8]의 마인드맵은 이러한 과정을 거쳐 도출된 하나의 성과물이다. 이는 하나의 예시일 뿐 완벽한 마인드맵이라고 말할 수는 없다. 복잡계의 문제를 완벽하게 표현할 수 있는 마인드맵은 존재하지 않을 것이기 때문이다.

그러나 단순한 제재가 이렇듯 다양한 교과나 주제와 관련될 수 있다는 사실은 경이로운 일이다. 현장에서 실제로 패스트패션을 맥락으로 하는 수업을 실행하고자 할 때에는 다양한 교과의 전공자가 참여할 것이므로, 앞과 같은 마인드맵을 통하여 숙의의 과정을 거친 뒤에 실행해 보기를 권한다. 이러한 활동은 패스트패션 현상을 이해하고 핵심적이라고 생각되는 이슈와 주제를 선택하는 데 유용한 활동이 될 것이다.

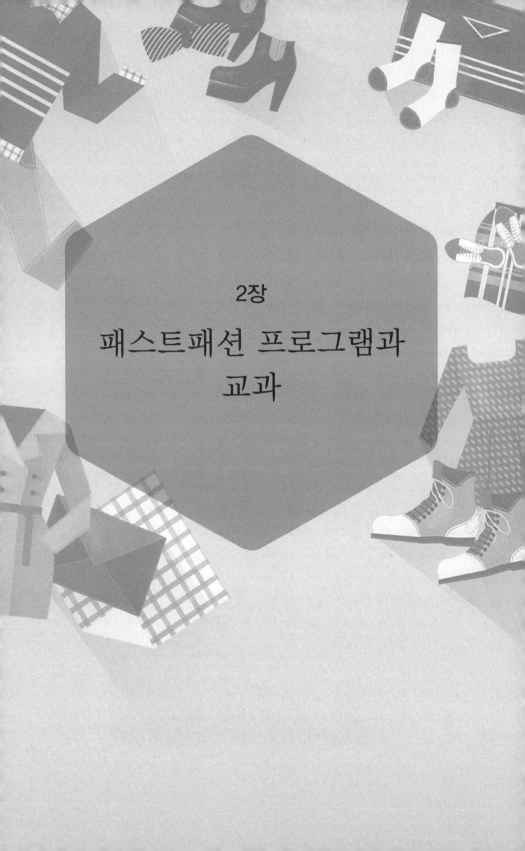

2장

패스트패션 프로그램과
교과

1. 패스트패션 프로그램과 국어

국어는 대한민국에서 사용되는 공용어로서 의사소통의 도구이자 문화 창조와 전승의 기반을 형성하는 기반으로서의 위상을 지닌다. 교과로서의 국어과에서 다루는 '국어'란 사회 및 문화 전반의 정수와 창의성 원천을 내포하고 있는 바, 국어적 사고와 발상은 국어를 매개로 한 언어적 제 산물의 표현과 생산에 관여하며, 다양한 공학 및 산업, 제 학문 분야 등에서 창의성의 원천이자 조직자로 기능하기도 한다. 언어의 표현과 이해라는 행위는 다양한 학문 분야를 대표하는 제 교과들을 관통하는 중심축으로 존재하기 때문이다. 이에 2015 국어과 교육과정에서도 '학교 안과 밖에서 이루어지는 대부분의 학습은 국어를 통해 이루어지므로 국어 능력은 학습의 성패를 결정하는 중요한 요인'으로 설정하고 있기도 하다.

이러한 국어 능력의 범용성은 교과로서의 국어과가 다양한 교과 및 분야와 융합될 수 있는 기저를 형성하기도 한다. 범박하게는 국어과에서 다루고 있는 교육 내용은 보다 정확하고 효과적으로 '듣고, 말하고, 읽고, 쓰도록' 하는 데 도움을 주고자 하는 것이라고 할 수 있다. 이는 모든 교과 학습의 양상에서 국어과가 융합될 수 있는 근거가 된다. 실제로 학문 및 직업 생활에서 아이디어를 생성하고 토론하며, 새로운 지식을 익히고 자신만의 고유한 성과물을 작성·공유하는 일들은 모두 언어로 시작하여 언어로 끝나는 과업이라고 할 수 있다.

여기서는 패스트패션이라는 제재를 중심으로 하여, 교과로서의 국어과가 지닌 역량의 문제를 중심으로 국어과의 융복합성을 탐색해 본 뒤, 국어과 교과서에서 패스트패션과 관련된 제재 및 사례에 대해 살필 것이다. 그리고 이러한 성찰을 바탕으로 국어과 교사의 입장에서 국어 외의 다양한 교과와의 융복합교육을 계획, 실행하고자 할 때, 고려할 수 있는 지점에 대해 알아볼 것이다.

1) 패스트패션과 국어과의 핵심 역량

2015 개정 국어과 교육과정은 역량 개념을 기반으로 하여 각 과의 교육과정이 구성되어 있다. 현재 교육과정에서 제시하고 있는 국어 교과의 역량과 개념은 다음과 같이 정리할 수 있다.

〈표 2-1〉 국어 교과의 역량과 개념

교과 역량	개념
비판적 · 창의적 사고 역량	다양한 상황이나 자료, 담화, 글을 주체적인 관점에서 해석하고 평가하여 새롭게 독창적인 의미를 부여하거나 만드는 능력
자료 · 정보 활용 역량	필요한 자료나 정보를 수집 · 분석 · 평가하고 이를 효과적으로 활용하여 의사를 결정하거나 문제를 해결하는 능력
의사소통 역량	음성 언어, 문자 언어, 기호와 매체 등을 활용하여 생각과 느낌, 경험을 표현하거나 이해하면서 의미를 구성하고 자아와 타인, 세계의 관계를 점검 · 조정하는 능력
공동체 · 대인 관계 역량	공동체의 가치와 공동체 구성원의 다양성을 존중하고 상호 협력하며 관계를 맺고 갈등을 조정하는 능력
문화 향유 역량	국어로 형성 · 계승되는 다양한 문화를 이해하고 그 아름다움과 가치를 내면화하여 수준 높은 문화를 향유 · 생산하는 능력
자기 성찰 · 계발 역량	삶의 가치와 의미를 끊임없이 반성하고 탐색하며 변화하는 사회에서 필요한 재능과 자질을 계발하고 관리하는 능력

국어과에서 고유한 역량으로 설정하고 있는 (1) 비판적·창의적 사고 역량, (2) 자료·정보 활용 역량, (3) 의사소통 역량, (4) 공동체·대인 관계 역량, (5) 문화 향유 역량, (6) 자기 성찰·계발 역량은 국어과 고유의 것이기도 하지만 동시에 융복합교육의 핵심 역량과도 밀접한 관련성이 있다.

앞 장에서 살핀 것처럼 융복합교육은 기본 원리로서 ABCD 원리를 함의하고 있다. ABCD 원리란, 학습자의 자기 주도적이고 능동성을 강조하는 자율성(Autonomy), 교과 내용의 연결 및 연계, 학습자-교사, 학습자-학습자 간의 협력을 강조하는 가교성(Bridgeability), 학습자에게 실제적이면서도 실세계의 맥락을 제공하고자 하는 맥락성(Contextuality), 교육의 과정과 결과의 다양성 및 개별성을 강조하고 있는 다양성(Diversity)을 의미한다. 이러한 원리는 개별 수업의 목표 및 구현 층위에서 융복합교육의 역량으로 구체화할 수 있으며, 이러한 융복합교육은 국어 활동을 통해 실현됨으로써 국어과의 핵심 역량과도 융화(融和)될 수 있다.

다음은 융복합교육이 교과교육으로서의 국어과와 연계되는 양상을 핵심 역량을 중심으로 구상화해 본 것이다.

다음 그림은 융복합교육의 원리가 각 역량으로 실체화되고, 이러한 역량이 국어 활동 차원과 접점을 이룸으로써, 국어과의 핵심 역량이 구체화되는 것이 가능함을 나타내고 있다. 여기서 융복합교육의 역량은 크게 '(1) 도구의 상호작용적 사용 역량, (2) 이질 집단 내에서의 상호작용 역량, (3) 자율적 실천 역량'으로 구분된다. 융복합교육의 역량이 의도하는 바는 국어과의 본유적인 역량과 연계되거나 통합될 수 있는 가능성이 매우 크고, 일부에선 그 지향에서만 어

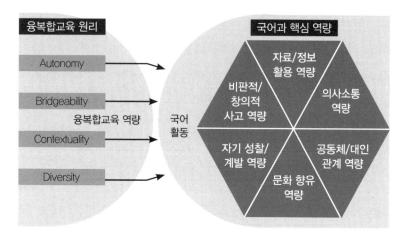

[그림 2-1] 융복합교육의 원리와 국어과 핵심역량

느 정도의 차이가 있을 뿐이다. 예컨대 (1)은 언어를 비롯한 다양한 도구를 통해 정부의 인식과 창의적 결과 산출에 관한 역량이며, (2)는 타인에 대한 공감과 협력 능력을 의미한다. (3)은 사회 안에서의 위치 및 역할 인식과 관련된 역량으로 공동체에 대한 지향이라는 점에서 국어과와 상통하는 면이 매우 크다고 할 수 있다.

주지하다시피 국어를 매개로 한 국어 활동은 '듣기, 말하기, 읽기, 쓰기'라는 양상으로 존재한다. 여기서는 이러한 이론적 고찰에 더하여, 패스트패션이라는 제재를 중심으로 하여 국어과 고유의 교과서 분석을 통하여 그 융복합적 속성 및 가능성을 확인함으로써, 융복합교육의 실행 가능성을 검토하도록 한다.

2) 국어과에서의 패스트패션 연계 가능 사례

패스트패션과 연관성이 높다고 판단되는 제재나 이슈들은 국어

교과서에서 단원의 제재로 활용되어 국어 교과의 특성을 보여 줌과 동시에 다양한 사회적인 문제들을 생각해 볼 수 있는 거리를 제공한다.

패스트패션(fast fashion)이란, 최첨단 디자인의 의류를 저렴한 가격에 구입할 수 있도록 하는 생산·유통 체계를 의미한다. 이러한 패스트패션은 현대 사회의 복잡한 사회 체계, 특히 소비 체계를 상징하는 사회 풍조라고 말할 수 있다. 학습자에게 패스트패션은 당면한 현실의 문제이면서 여러 가지 융복합적, 전 지구적인 문제를 제기하는 데 적절한 제재이다. 특히 패스트패션은 환경 및 생태학적인 문제와 크게 관련되기도 한다. 이윤 중심의 소비 체계와 무분별한 상품 생산 및 낭비는 부의 분배 문제 등에 더하여 지구 환경의 파괴와도 직결되기 때문이다.

여기서는 패스트패션을 중심으로 하여, 기존의 국어 교과서에 포함되어 있는 융복합적인 내용들을 살펴보도록 한다. 이러한 과정을 통하여, 현재 교과로서의 국어과가 패스트패션이라는 비교적 생경한 제재와도 얼마나 높은 정도의 가교성을 지니고 있는지 확인함으로써 실세계와 교과와의 접점을 찾을 수 있을 것이다. 더 나아가 패스트패션은 그 제재 자체가 가진 의의도 무시할 수 없다. 패스트패션과 관련된 담론은 융복합적이면서 동시에 환경 및 부의 분배 등 전지구적 차원의 해결이 요구되는 문제라는 점에서 주목된다. 이러한 문제를 해결하고자 교사 및 동료들과 토의하고 토론하는 과정을 통하여 민주적으로 소통하고 의사결정 하는 방식을 익히며, 세계 시민사회의 보편 원리인 '인권, 정의, 평화'에 부합하는 자아상을 확립할 수 있는 데 활용될 수 있어 국어과의 영역을 크게 넓히는 데 기여할 수 있을 것이다.

패스트패션이라는 제재를 중심으로 융복합교육의 실행을 위하여 사용될 수 있는 국어과의 관련 교육 내용이나 소재는 타 교과에 비해 실로 적지 않다. 국어과는 듣고 말하고 읽고 쓰는 활동을 다루는 도구 교과이므로 매우 특정한 주제일지라도 융복합적으로 접근하는 것이 그리 어렵지 않다. 여기서는 그중에서도 융복합교육의 측면에서 의미 있는 세 가지 측면을 중심으로 그 구체적 양상을 살피도록 한다.

현행 중학교 국어 교과서에서 패스트패션과 관련도가 높은 제재들을 크게 세 가지의 주제로 나누어 살펴보면 '빠름과 느림, 환경 문제, 생태 문학' 관련 제재로 구분해 볼 수 있다.

빠름과 느림	제재: 제비의 속도와 날벌레의 속도 활동 ○ 글쓴이가 생각하고 있는 삶의 속도는 무엇에 빗대고 있는가? ○ 글에 나타난 속도에 관련되는 소재를 아래에서 찾아 골라 보자. | 제비	날벌레
· · ·	· · ·	

환경
문제

우리의 문제, 환경

활동

O 이 글의 내용을 바탕으로 나의 평소 생활을 반성해 보자.

O 다음은 대기오염에 대한 대처 방안을 정리한 것이다. 이 글의 필자가 취한 관점에 부합하는 것을 골라 한 편의 글을 써 보자.

생태
문학

돌아오지 않는 새들을 기다리며

이승하

귀기울이면 저 강 앓는 소리가 들려오네

신음하고 있는 700리 낙동강
내 유년의 기억 속 서걱이는 갈대밭 지나
가물거리는 모래톱 끝까지 맨발로 걸어가면
시야엔 출렁이는 금비늘 은비늘의 물살
수백 수천의 새들이 나를 반겨 날고 있었네

지금은 볼 수 없는 그 많은 물떼새들
왕눈물떼새 · 검은가슴물떼새 · 꼬리물떼새 · 댕기물떼새……
수염 돋은 개개비란 새도 있었네
물떼새 알을 쥐고 돌아오던 어린 날의 낙동강
내 오늘 한 마리 물고기처럼 回游해왔네

(하략)

먼저, '빠름과 느림'이라는 키워드로 국어과 교과서에서 융복합성을 발견할 수 있었다. 중학교 국어 교과서에는 문학의 가치를 다루는 단원에서 제비와 날벌레의 속도를 인간 삶의 특성에 빗대어 표현한 수필이 제재로 선정되어 있다. 이 작품에는 제비와 날벌레의 속도에 빗댄 인간의 삶을 다루며 삶의 속도를 늦추고 여유로운 삶을 살기를 바라는 작가의 주제의식이 드러난다. 이러한 주제의식은 타 교과와 같이 경제성이나 수식, 공식 등으로 속도의 문제를 다루는 것이 아니라 인문학적 차원에서 속도의 문제를 다룬다는 점에서 의미가 있다. 융복합교육은 교육의 경험이자 결과로서의 통합성을 지향하므로, 타 교과에서는 접근하기 어려운 현상의 다양한 측면을 국어과에서 접근할 수 있게 하여 물리적이거나 현상적인 속도에 더하여 성찰과 반성, 인간으로서의 속도를 아울러 알게 할 수 있다. 또한 패스트패션 등과 관련된 윤리 의식 및 태도의 문제와 관련해서도 이러한 접근은 시사점을 줄 수 있는 것이다.

이는 2015 개정 국어과 교육과정에서 제시하는 역량과 밀접하게 연결되어 있다. 제시된 여섯 가지의 역량 중에서도 글쓴이의 의견을 주체적인 관점에서 해석하는 비판적·창의적 사고 역량, 삶의 가치와 의미를 반성하고 탐색하는 자기 성찰·계발 역량과 관련된다. 또한 다른 교과서에서도 속도와 관련된 각각 상반된 입장을 다룬 글이 속도와 관련된 제재로 다루어지고 있다. 학습자는 이러한 상반된 입장에서 빠름과 느림의 의미에 대해 생각해 보게 되고, 어느 한쪽의 의견에 치우친 것이 아니라 각각의 의견을 모두 이해할 수 있는 기회를 획득할 수 있게 된다. 이것은 자칫 자기중심적으로 사고할 수 있는 현대 학습자에게 필요한 자신과 타인, 세계의 관계를 조정하는 능력인 의사소통 역량, 그리고 공동체 구성원의 다양성을 존중하는 공동체·대인 관계 역량과 관계가 있다고 볼 수 있다.

다음으로 '환경 문제'라는 키워드를 중심으로 한 제재들에서도 패스트패션과의 관련성을 찾아볼 수 있었다. 환경 관련 제재를 바탕으로 환경문제에 대한 대처 방안을 나름대로 마련해 보고 자신의 평소 생활을 반성해 보는 활동을 할 수 있다. 이를 통해 학습자의 삶과 수업과의 간극을 융복합 교육의 관점에서 줄이는 것이 가능하다. 환경 문제와 관련된 내용을 중심으로 한 단원에서는 강연 형식의 글을 제재로 하여 중요한 내용을 요약하게 한다거나, 강연 내용을 사실과 의견, 주장과 근거, 일반원리와 핵심사례로 구분하게 하고, 비판적 의견이나 주장을 덧붙여 논리적으로 발표하게 하는 활동 등이 일반적으로 이루어진다. 이는 국어과의 핵심 기능인 이해와 표현을 적절하게 학습할 수 있도록 하는 단원이라고 할 수 있다. 현행 국어 교과서에 수록된 '아프리카 고릴라는 휴대전화를 미워해'라는 제재의 경우, 쉽게 구매되고, 빠르게 버려지는 휴대 전화로 인하여 아프리카 고릴라의 서식지가 황폐해지고, 인부들이 착취를 당하며, 환경이 훼손되기 때문에 생태 환경을 보호하기 위해 휴대 전화를 오랫동안 소중하게 사용하자는 내용을 살펴볼 수 있다. 따라서 이러한 단원의 경우, 패스트패션과의 연관성 속에서 환경과 관련된 융복합적인 수업이 진행될 수 있다.

이러한 수업은 효율적으로 국어과의 핵심 역량과 직접 관련된다는 점에서 국어과인 것이 동시에 융복합교육성을 지닌 것이라는 인식을 가능케 한다는 점에서 의미가 있다. 교과서의 제재는 강연을 위한 논설문으로서 학습자는 강연 내용을 요약하고, 정보를 수집하고 분석·평가하여 강연에서 다룬 내용을 효과적으로 활용할수 있다. 이것은 의사를 결정하거나 문제를 해결하는 자료·정보 활용 역량과의 관련성으로 인하여 국어과의 핵심적인 역량 함양에 기여할 수 있다.

　마지막으로 '생태 문학'이라는 키워드를 중심으로 패스트패션 수업을 위하여 매우 유용한 작품들을 발견할 수 있었다. 주로 문학 작품이 제재로 제시되는 국어 교과서 단원에는 작가, 사회·문화적인 맥락, 독자 혹은 작품 자체에 초점을 두어 감상하는 방법을 따라 수업이 진행되는 경우가 많다. 생태 문학 관련 제재가 등장하는 단원에서도 역시 시대적 상황을 고려하며 작품을 해석하고, 작품과 관련하여 자신의 삶을 돌아볼 수 있게 하는 시 작품을 제시하고 있다. 시대적인 맥락을 반영하여 문학 작품을 해석하는 것은 국어과에서 이루어지는 문학 수업의 많은 부분을 차지하고 있다고 할 수 있다. 그런데 학습자는 작품의 배경이 되는 시대적 상황이나 사회적 상황을 자신과 동떨어진 상황으로 여기는 경우가 많은 편이다. 따라서 생태계 파괴 등의 문제를 학습자의 주변 상황과 관련지어 사진 혹은 매체 등을 통해 학습자에게 직접적으로 보여 주어 심각성을 경험하게 할 경우 작품 이해와 더불어 문학 작품에 드러난 시대·사회 상황을 보다 여실하게 느낄 수 있는 여지가 생긴다. 또한 학습자가 시대적 상황에 문제의식을 갖게 하고 패스트패션이 야기하는 환경이나 소비의 문제를 감성적이고 윤리적인 차원에서 인식할 수 있게 함으로써 인성의 차원에서 융복합교육을 가능하게 할수 있다.

생태 문학을 향유하는 국어 수업은 문학 활동이라는 점에서 국어과의 문화 향유 역량에 해당하며, 문학 작품의 아름다움과 가치를 내면화하여 수준 높은 문화를 향유·생산하는 능력에까지 이르도록 하므로, 학습자 스스로 또 다른 주제를 가진 작품을 생산할 수 있게 하는 데에까지 도달하게 할 수 있다는 점에서 의사소통 역량 등과도 관련될 수 있다.

3) 융복합 수업을 준비하는 국어과 선생님께

사회가 변화함에 따라 분절적 지식을 많이 기억하고 있는 학습자가 아니라, 세계의 복잡성과 융복합을 인식하며, 사태의 해결을 위하여 다양한 방면의 자원 및 지식을 동원하는 융복합적 사고가 가능한 인재의 양성이 요청되고 있다. 융복합교육에 관하여 일선 학교에서 빚어지고 있는 비근한 오해는 융복합교육은 영재를 위한 것이라거나 개별 수업에서는 불가능하다는 인식이다. 그러나 앞서 살핀 바와 같이, 실세계가 융복합적 복잡성을 지니고 있으며 그러한 실세계를 독자적인 관점으로 체계화한 것이 학문 및 교과라는 점에서 볼 때, 고유의 융복합적 가능성이 잠재되어 있다는 사실을 인지할 필요가 있다. 앞서 제시한 교과서의 사례들 외에도 다음과 같은 제재들을 확장적으로 활용하여 패스트패션과 관련된 융복합 수업을 계획, 실행할 수 있다.

앞에서는 패스트패션과 관련된 국어과의 융복합 수업의 제재로 빠름과 느림, 환경 문제, 생태 문학 관련의 내용을 제시하였다. 이 외에도 국어과에서 패스트패션과 관련된 융복합 수업이 진행될 때에는 여러 가지 제재를 활용할 수 있다. '수자원, 음식물 쓰레기 등 다양한 종류의 자원 낭비와 관련된 제재, 무분별한 소비와 관련된 제재, 지구 온난화 등의 에너지와 관련된 정보전달 혹은 설득에 목적을 둔 제재, 품사를 우리가 일상생활에서 쉽게 접할 수 있는 옷 그림으로 분류하여 설명하는 제재, 패션의 외래어 표기법' 등 서로 가교성이 없어 보이는 매우 다양한 국어과의 제재나 지식, 기능 등이 패스트패션과 직간접적으로 연계·활용될 수 있다는 점은 놀라운 사실이다.

예를 들어, 수자원, 음식물 쓰레기 등 다양한 종류의 자원 낭비와 관련된 제재를 수업 사례로 활용할 수 있을 것이다. 글에 나타나 있는 정보를 통하여 학습자의 입장에서 사실적 읽기와 비판적 읽기 과정을 거쳐 사회에 미치게 되는 영향 등을 예측하며 제재를 활용하는 수업이 가능하다. 이에 더하여, 무분별한 소비와 관련된 제재, 지구 온난화 등의 에너지와 관련된 정보전달 혹은 설득에 목적을 둔 제재 역시 현재의 사회적 상황과 관련 되어 있는 주제로 국어과의 읽기 학습과 더불어 현대 환경 문제, 에너지 문제 등의 심각성을 깨닫게 하는 데에 초점을 둘 수 있는 제재로 볼 수 있다. 이는 단순히 독서 활동이 국어과의 수업 재료로서의 제재를 다루는 활동이 아니라 사회적 이슈나 다른 교과와의 연계 속에서 독서 재료가 활용될 수 있다는 것을 의미한다. 이미 자신이 가지고 있는 배경지식과 경험을 적극적으로 떠올리고, 글쓴이의 의도를 파악하며 능동적으로 이러한 제재를 학습하는 것은 글 내용의 이해뿐만 아니라 더불어 사는 삶에 대한 학습자의 인식을 확장하는 데에도 기여할 수 있을 것이다. 한편 국어과에서는 품사나 어휘를 우리가 일상생활에서 쉽게 접할 수 있는 옷 그림으로 분류하여 설명하는 제재가 있기도 하고, '패션'이라는 말의 외래어 표기법 등이 다루어지기도 한다. 품사나 어휘는 메타언어적인 차원의 문법 학습 내용이기 때문에 학습자의 학습 부담도가 큰 편이다. 패션에 관심이 많은 연령층의 학습자가 관심 있는 의류를 통하여 난이도가 있는 학습 내용을 소화하고, 이를 가치나 윤리, 경제 등의 문제와 확장함으로써 실세계와 학습 내용의 간극을 줄이고 학습자의 흥미를 유발하는 수업을 계획할 수도 있을 것이다.

패스트패션 관련 주제 외에도 국어과에서는 다른 교과와의 융복합을 통하여 무수히 많은 융복합 수업이 마련될 수 있는 가능성이 존재한다. 융복합 수업을 통해 오히려 국어과의 내용에 대해 보다 심도 있는 이해를 할 수 있고, 타 교과의 내용과 국어과의 학습 내용을 소통시켜 다양한 관점에서 국어적 사고를 발전적으로 확장시키는 토대로 삼을 수 있다는 점에서 국어과 교사로서 융복합교육을 계획하고 실행하는 일은 수업 혁신의 측면에서도 매우 가치 있는 일이다.

2. 패스트패션 프로그램과 영어

패스트패션 프로그램은 이미 소개한 바와 같이 소위 '융복합 역량'의 함양을 목표로 한다. 이 프로그램은 최소한 두 가지 차원에서 영어 교과와 연결될 수 있을 것이다. 첫째, 그 목표인 '21세기 핵심역량', 즉 '융복합 역량'이 2015 개정 영어과 교육 과정에 제시된 '영어 교과의 역량'과 관련될 수 있을 것이다. 영어 교과는 학습자가 영어 의사소통능력을 갖추어 세계인과 소통하며, 그들의 문화를 이해하고 우리 문화를 세계로 확장시켜 나갈 수 있도록 교육하고자 한다. 외국인이 영어로 의사소통하는 능력을 갖추기 위해서는 기본적인 연습 시간이 충분히 확보되어야 하고, 정규 수업에서뿐 아니라 방과 후 프로그램 등 다양한 기회를 통하여 학습자가 영어에 대한 흥미와 관심을 가지고, 자기 주도적으로 영어를 사용할 수 있어야 한다. 아울러 간문화적인 소통과 활동을 할 수 있기 위해서는 반드시 '타인에 대한 배려와 관용' 그리고 '대인 관계 능력' 등을 배양할 필요가 있다. 이 절에서는 융복합 역량이 이러한 영어교과의 필요에 의거한 '영어 교과 역량'과 어떻게 관련될 수 있는지를 살펴볼 것이다.

둘째, 이 패스트패션 프로그램은 현재 사용되고 있는 영어 교과서 활동이나 과제들과 관련 주제나 소재, 쟁점 등을 통하여 연결될 수 있을 것이다. 패스트패션은 학습자의 생활 가까이 있고, 영어 교과서의 활동들은 대체적으로 학습자의 일상생활이나 친숙한 주제나 소재에 대하여 영어로 의사소통하기를 함양하도록 구성되어 있기 때문이다.

이 절에서는 우선 패스트패션 프로그램과 영어 교과 역량이 어떻게 관련될 수 있는지를 좀 더 구체적으로 살펴보고자 한다. 그리고 실제적으로 영어 교과서에 제시된 소재와 활동, 과제를 검토하여 어떤 것들이 패스트패션의 내용과 관련될 수 있는지를 예를 들어 서술한다. 그리고 마지막으로 융복합교육에 관심이 있는 교사들을 위하여 그런 과제들이 융복합 역량 혹은 영어 교과 역량을 좀 더 균형 있게 배양하는 방향으로 어떻게 '확장'될 수 있을지를 논의하고자 한다. 이와 같은 논의가 영어 교과에서 융복합수업을 기획하고 실천하는 데 필요한 단초와 디딤돌을 제공할 수 있기를 기대한다.

1) 패스트패션 프로그램과 영어 교과 역량

패스트패션 프로그램이 목표로 하는 융복합 역량은 1장에 제시된 바와 같이 3가지 범주로 나뉜다. '도구의 상호작용적 활용 역량' '이질적 집단에서의 상호작용 역량' '자율적 행동 역량'이 그것이다. 한편 2015 개정 영어과 교육과정은 영어 교과 역량을 '영어 의사소통 역량' '지식정보 처리 역량' '공동체 역량' 그리고 '자기관리 역량'으로 나누어 제시한다. 영어가 많은 학습자에게 21세기의 중요한 소통 도구가 될 것이고, 지식과 정보도 일종의 도구이다. 따라서 융복합교육적 역량의 제1범주에 속하는 '언어, 상징, 텍스트 활용' 역량과 '핵심개념, 원리, 소양 습득 및 활용' 역량은 영어 교과의 영어 의사소통 역량과 지식정보 처리 역량을 잘 포괄한다.

융복합 역량의 제2범주는 '이질적 집단'과 관련된 역량이다. 어떤 이질적 집단이 발전하여 그 구성원들이 '공동체'의식을 공유하게 되는 것이 매우 바람직하다면, 이도 또한 영어교과의 공동체 역량과 상통하는 것이다. '타인과 관계를 형성하고 유지'하며, '협동적 작업을 수행'하고 '갈등을 관리하고 해결'하기 위해서는, '배려와 관용'의 태도, '대인 관계 관리' '문화 정체성 확립 및 이해', 그리고 '이질적 문화와 견해의 이해와 포용'을 할 수 있어야 할 것이기 때문이다. 전자는 출발선 상인 이질성에 주목하고 후자는 사회문화적 역동의 결과인 동질성을 강조한다고 볼 수 있는 것이다.

마지막으로 제3범주인 '자율적 행동 역량'도 대체로 영어교과의 '자기관리 역량'을 포괄한다. 시·공간적 변화나 이동이 빈번하고 급격한 21세기에서는 융복합 역량으로 '정체성과 자존감을 (재)형성'하고, '자율적으로 인생계획을 세우고 실천'해 나가며 필요시 스스로 '자신의 행동 변화'를 이끌어 낼 수 있는 능력이 필요하다. 이에 해당되는 영어교과 역량은 주로 지속가능한 영어 학습에 필요한 '자기관리 능력'에 초점을 두고 있다. 이는 융복합 역량의 제1범주와도 관련된다고 볼 수 있겠지만, '학습자의 정체성, 자존감, 생활계획'의 일부분을 형성하는 것도 분명하다. 그리고 융복합 역량 제3범주의 '지역/세계 사회의 바람직한 변화 야기'는 명시적으로 해당되는 영어교과 하위역량이 없는 듯하지만, 역량의 정의에 의거한다면 분명하게 영어교과의 공동체 역량에 포함된다고 볼 수 있겠다. 이를 도표로 나타내면 다음과 같다.

〈표 2-2〉 융복합교육적 역량과 영어 교과 역량

융복합 역량		교과 역량			
하위 요소	범주	범주	의미		하위 요소
언어, 상징, 텍스트 활용	도구의 상호 작용적 활용	영어 의사소통	일상생활 및 다양한 상황에서 영어로 소통할 수 있는 역량		영어로 이해 영어로 표현
핵심개념, 원리, 소양 습득 및 활용		지식정보 처리	지식정보화 사회에서 영어로 전달되는 정보를 '적절하게'[1] 활용하는 역량		영어 정보 수집 영어 정보 분석 매체 활용 정보 윤리
테크놀로지 활용					
타인과의 관계 형성 및 유지	이질적 집단에서의 상호작용	공동체	지역/국가/세계 공동체의 구성원으로서 가치와 태도를 공유하여 공동체의 삶에 관심을 갖고 공동 문제 해결에 참여하는 능력		배려와 관용 대인관계 문화 정체성 언어/문화적 다양성의 이해/포용력
협동적 작업					
갈등 관리 및 해결					
정체성, 자존감 및 자율적 인생계획	자율적 행동	자기관리	영어에 대한 흥미/관심에 기반하여 자기주도적인 영어 학습을 지속적으로 해 나갈 수 있는 역량		영어에 대한 흥미 영어 학습 동기 영어 능력 자신감 (유지) 학습 전략 자기 관리 및 평가
개인의 행동 변화					
지역/세계 사회의 바람직한 변화 야기					

---

1) '적절하게'의 최상위 상태는 '상호작용적으로'라고 사료된다.

이런 견지에서 살펴보면, 융복합 역량은 용어의 사용과 세부 분류면에서 다소 상이하긴 하지만, 기본적으로 영어 교과 역량을 잘 포괄하고 있다고 볼 수 있겠다. 즉, 2015 개정 영어과 교육과정은 다분히 '융복합 영어교육'적 특성을 지니게 되어서, 영어 교과 수업에서 융복합교육을 실현하거나 영어 교과가 융복합교육 프로그램의 일부로 녹아 들어가기가 훨씬 수월해진 것이다.

2) 영어 교과에서의 패스트패션 관련 사례

앞 절에서 본 바와 같이 패스트패션은 의류의 생산과 소비와 관련한 실세계의 여러 부면과 연관되어 있다. 예를 들면, 수질 및 환경 오염, 의류 폐기, 사원 이용과 재활용, 천연 염색, 화폐 가치와 가격, 근로 및 임금, 다국적 기업, 소비의 사회적 영향 등 다양한 쟁점을 포함하면서 실세계의 '복잡성'을 잘 드러낸다. 따라서 이러한 소재나 쟁점이 다루어지는 영어 활동은 그 '연결 고리'를 통하여 패스트패션의 다양한 측면에 대하여 확장될 수 있고, 이는 학습자가 비판·창의적 사고 능력을 배양하면서 이 세계에 대한 '융복합적'인 폭넓은 이해를 할 기회를 제공함으로써 그들이 전인격적으로 성장하는 기회를 제공하게 될 것이다. 아울러 의사소통접근법이 추구하는 바가 이 실세계와 관련된 의미 있는 의사소통을 함으로써 영어 기량을 함양하는 것임을 감안하면, 패스트패션 관련 확장은 학습자가 '자발적인' 학습 활동을 통하여 영어 능력을 함양할 좋은 '마당'을 제공하는 길이 될 것이다.

학교에서 실제로 사용되는 영어 교과서는 각 과를 구성함에 있어서 패스트패션 등과 관련될 수 있는 다양한 '소재'를 활용한다. 우선 그와 관련되는 어휘와 문법 요소를, 듣기, 말하기, 읽기, 쓰기 기량과 함께 함양할 수 있도록 하고 있다. 그리고 그렇게 학습한 영어 지식과 기량을 통합하여 사용할 수 있도록 종합적인 프로젝트 과제를 수행할 수 있도록 구성되어 있다. 그러면 어떤 소재가 패스트패션과 잘 연계될 수 있을까? 몇 가지 예를 들어 보면, 다음 〈표 2-3〉에서와 같이 '자원 재활용' '물건 사기' '화폐' '기부' 등의 소재 및 주제가 패스트패션과 즉각적으로 관련되고, 그에 따라 충분하게 연계 및 확장될 수 있을 것이다.

〈표 2-3〉 패스트패션 관련 활동 · 과제의 교과서 사례들

헌 옷 재활용	김성곤 외 10인(2013, 3과)은 헌 옷을 재활용하여 창의적으로 새로운 패션 아이템을 만드는 방안들을 소개하고 논의한다. 그림으로 제시된 헌 옷 중에서 하나를 골라 패션 소품을 디자인하고 발표하는 프로젝트를 수행하도록 안내한다. [확장]: 그림 대신 학습자의 실제 헌 옷을 사용하도록 하여 맥락성을 높이고, 자기 작품의 장점을 설명하게 함으로써 참여와 영어로 표현하기 역량을 강화할 수 있다.
물건 사기와 화폐	김성곤 외 10인(2013, 4과)은 '물건 사기' 언어기능과 화폐의 역사를 제시한다. 물건을 사는 여러 상황에서의 대화를 연습하고, 한국 화폐의 역사, 화폐 도안과 관련 심미적 문화에 대하여 다룬다. [확장]: 화폐의 심미적 · 문화적 측면을 다루는 'Around the World' 섹션에서 화폐 가치가 여러 나라에서 어떻게 다른지, 노동자들의 임금이 어떻게 다른지, 다국적 기업들이 왜 제3세계에 공장을 세우려고 하는지 등등의 문제에 대하여 생각해 보게 할 수 있다.

"Helping Hands"	김진완 외 9인(2013b, 3과)의 "What a Great Idea!"는 문화 이해 섹션 "Helping Hands"에서 제3세계에 우물을 만들어 주는 사업을 하는 Ryan's Well 재단(www.ryanswell.ca)의 설립 이야기를 소개하고, "On the Web"에서 어려운 이웃을 위해 특별한 일을 한 십대들의 이야기를 인터넷에서 찾게 한다. [확장]: 패스트패션 산업과 관련하여 도움이 필요한 아이들을 인터넷에서 찾아보게 할 수도 있겠고 소위 공정 무역에 종사하는 사람들의 이야기를 찾아서 공유하게 할 수도 있다.

이렇게 실제로 사용되는 교과서의 과제들과 잘 관련될 수 있는 패스트패션의 내용은, '영어로 이해하기' '영어로 표현하기' '배려와 관용' '문화 정체성' '언어·문화적 다양성 이해·포용하기' '영어 정보 수집하기' '영어 정보 분석하기' '매체 활용하기' '자기 관리' 등 여러 하위 역량들의 함양에 기여하는 활동 과제로 융통성 있게 확장될 수 있겠다. 몇 가지 사례를 좀 더 깊이 있게 살펴보기로 하자.

[사례 1] Think Twice, Think Green

김진완 외 9인(2013a, 7과)의 〈Think Twice, Think Green〉은 이 책에서와 같이 이 세상의 복잡성을 드러내어 학습자로 하여금 더 넓은 전망에서 심도 있는 사고를 하도록 하는 수월성이 돋보인다. 듣기 활동에서 커피의 '공정무역(fair trade)'이라는 주제를 다루고, 티셔츠의 원료인 솜이 생산되고, 실과 천이 제조되고 마침내 티셔츠가 만들어진 후 운반되는 과정에서 환경적, 사회적, 그리고 경제적으로 어떤 영향을 끼치는지를 소개한다.

글감 〈The Journey of a T-shirt〉는 목화밭에서 솜을 생산하려면 많은 양의 물을 필요로 한다는 점, 해충을 죽이기 위해 사용되는 화학 물질이 토양과 물을 오염시킨다는 점, 면화를 실과 천으로 만드는데 역시 많은 화학약품이 사용된다는 점, 티셔츠 생산 과정에서 미성년자들의 열악한 노동이 들어가기도 한다는 점, 그리고 티셔츠를 운반하는 과정에서 많은 이산화탄소가 발생된다는 점 등을 지적한다. 이들은 패스트패션과 관련된 문제들과 매우 유사하다.

내용 이해를 다룬 후, "Share Your Ideas"에서 초콜릿, 책, 운동화 등이 어떤 과정을 거쳐서 우리에게 오는지를 여러모로 다룬다. 어휘를 소개해 주고, 글쓰기가 가능하게 인도한다. 이렇게 영어 사용 능력이 준비된 이후에 다음 광고문 만들기 활동이 주어진다.

"Write a For-Sale Notice"
1. 주어진 중고품에 대한 정보(모델명, 사용 기간, 특징, 희망 가격, 연락처)를 이용하여 광고문을 완성하는 활동을 한다.
2. "자신이 사용하지 않는 물건을 판매하기 위한 광고문을 만들어 봅시다."(김진완 외, 2013a, p. 143).

이는 ESL 환경이라면 물건 재활용을 위한 매우 실제적인 활동이라고 볼 수 있겠는데, 우리나라의 EFL 환경에서는 그저 상상력을 발휘하는 '연습'활동이다. 점검 포인트도 광고문인지, 내용 이해가 쉬운지, 철자와 어법이 바른지 등 언어 기량 중심이다.

이 교과서의 큰 확장 가능성은 소위 "Thinking Outside the Box"과제이다. 이는 주어진 상황에서 '융복합적으로' 타 교과 내용이나 기량과 연계하여 새로운 방안을 탐색함으로써 창의성을 기를 수 있는 과제를 제시한다. 이 과에서는 비행기, 차, 기차, 자전거의 1인당 이산화탄소 배출량과, 100킬로미터 가는 데 걸리는 시간 등을 제공하면서 여러 가지 교통수단을 선택하였을 때 배출되는 이산화탄소량과 걸리는 시간에 대하여 계산하고 이야기를 나눌 기회를 제공한다. 그리고 제한된 시간 안에 가장 친환경적으로 여행할 수 있는 방법을 찾아보게 한다. 영어와 수학적 계산의 결합인 것이다.

그리고 "Understanding Cultures"에서는 우리가 주변에서 많이 접하는 커피, 설탕, 면화, 바나나 등이 먼 외국에서 생산된 것임을 소개하면서 공정 무역 개념을 소개한다. 그리고 연결 활동인 "On the Web"에서 카카오 열매가 초콜릿이 되는 과정을 인터넷을 통하여 조사하게 한다.

확장: 내용과 활동의 추가

이 과 〈Think Twice, Think Green〉는 기본적인 접근에서 본 단행본의 패스트패션 프로그램과 매우 유사하다. 그래서 본 단행본의 관련 지식, 정보, 쟁점 등 모든 정보와 내용이 상당히 유연하게 추가될 수 있을 것이다.

- 위의 읽기 후 활동인 "Share Your Ideas"에서 패스트패션이 우리 손에 들어오기까지의 과정과 관련된 비디오 자료 등을 추가적으로 제공하고 그에 대하여 이야기를 해 보게 하도록 확장할 수 있다. ['영어로 이해하기' 역량 증진]
- "Write a For-Sale Notice"에서는, 자신이 입은 패스트패션 옷에 대하여 광고문을 만들게 하여 맥락성을 높일 수 있을 것이다. ['자율적 행동' 역량 증진]
- "Thinking Outside the Box"에서, 가상적인 여행 상황이 아니라 실제적인 학습자의 생활에서 이산화탄소 배출의 감량을 가져올 방안을 찾아볼 수 있게 할 수 있다. [융합적 역량 증진]
- "Understanding Cultures"에서는 관련된 문제 상황을 개선하기 위한 공정 무역이 국내에서는 어떻게 이루어지고 있는지를 조사하게 할 수 있을 것이다. 그리고 소비자로서 공정무역에 어떤 방법을 사용하여 참여할 수 있을지에 대하여 개인적, 모둠별 다음에는 전체적으로 논의하게 할 수 있다. [지식정보처리 역량, 공동체 역량 증진]
- 이렇게 알게 된 여러 가지 사실에 기초하여 학습자 개개인이

자신의 삶이나, 사회나 세계를 '실질적으로' 변화시킬 수 있는 방안도 생각 · 논의해 볼 수 있다. 교과서적인 대답을 유도하는 것이 아니라 이러한 진지한 고민을 유발하고 학습자가 자율적인 의사결정을 하게 한다. [자기 관리 역량, 즉 '자율적 행동' 역량 함양]

[사례 2] 자신이 생각하는 챔피언은?

김성곤 외 10인(2013)의 중학교 2학년 영어교과서의 8과 〈Songs of Hope〉는 희귀병에 걸려 14세에 사망한 매티(Mattie)라는 소년의 이야기를 소개한다. 영어 격언을 '빈칸 채우기' 형태로 제시하고, "Listen and Talk"에서 경험을 묻고 답하며 소망을 표현하는 다양한 상황을 제시한다. 그리고 "Put it Together"에서 좀 더 실제적인 대화와 소통을 할 기회를 제공한다. 그다음 "Before You Read"에서는 제공된 글감과 관련된 주요 표현, 그의 시 훑어읽기를 통하여 매티에 대한 그 글을 읽을 인지 · 정의적 준비가 되게 돕는다. "Enjoy Reading"의 글감 〈Mattie's Three Wishes〉는 중병으로 학업을 중단하였지만 희망을 잃지 않은 매티의 이야기를 소개한다. 그 소년은 시집 출판, 카터 대통령 만나기, 오프라 윈프리 쇼(The Oprah Winfrey Show)에 출연하기 등 3가지 소원이 있었는데, 당사자들을 포함한 사람들의 도움으로 그 모두를 성취하게 된다. 이 글감은 그 소년의 시 "On Being a Champion"으로 마무리된다.

"After You Read"에서는 글감 내용의 이해 점검을 하고, "Language in Use"는 글감에 나온 중요 표현을 말하기 쓰기를 통하여 익히는 연습 기회를 제공한다. 그리고 "Think and Write"는 매티의 시 〈On Being a Champion〉을 참고하여 챔피언에 대한 학습자 자신의 생각을 정리하여 쓴 후, 빈칸을 채우면서 동일한 제목의 자기만의 시를 쓰게 한다. 이는 자신의 생각을 정리하면서 시라는 장르를 익히며 정서적으로 긍정적 목표설정까지 하게 하는 매우 바람직한 활동이라고 사료된다. 시의 틀을 비계로 제공하므로 학습자가 조금만 노력하면 성공에 이를 수 있도록 인도한다.

확장: '공동체' 역량 강화하기

이 과제는 주어진 매티의 시에 상당히 의존하는데, 승리자로 살거나, 이기는 팀의 일원으로 살거나, 소망하는 마음으로 산다면 우리 각자에게는 챔피언이 있을 수 있다는 것이다. 이는 '행위자성'과 삶에 대한 긍정적인 자세를 강조하는 매우 훌륭한 소재이다. 그런데 주어진 과제는 이에 대한 '심도 있는' 고찰을 할 수 있는 비계 질문 등을 제공하지 않고 있다. 이는 교사들의 몫으로 돌려져 있고, 이 점에서 이 책의 접근이 도움이 될 것이다.

다음과 같은 더 심도 있는 '고찰'이 가능하다.

- 승리자로 살아간다는 것은 무슨 의미인가? 어떤 팀이 이기는 팀인가? 이기는 팀은 운동 경기에서만 있는가? 우리는 일상생활에서 어떻게, 또 어떤 면에서 이길 수 있을까? [자기관리 역량, 자율적 행동 역량 함양]
- 소망하는 마음으로 산다는 것은 무슨 의미인가? 그 시는 "For life."로 끝난다. 어떤 것이 삶을, 생명을 위한 길인가? 나만 편하고 안락하면 되는 것인가? [공동체 역량 함양]
- 이러한 질문을 제기하고 그에 대답을 하는 과정에서 '공정 무역(fair trade)', 현명한 소비 등의 문제에 대하여 질문하고 대답할 수 있는 것이 아닐까? [공동체 역량, 자율적 행동 역량 함양]

[사례 3] 환경보호 제안서 쓰기

이재영 외 10인(2013)의 중학교 2학년 영어교과서의 7과 〈Fun Ways to Save the Earth〉는 환경을 보호함으로써 지구를 살릴 수 있는 다양한 방안을 소개한다. 이 과의 초점은 '환경 보호와 자원 절약을 위하여 할 수 있는 일에 대해 생각하고 실천한다.'는 것이다. 다른 교과서들처럼 "Listen & Speak"를 통하여 의사소통 기능과 문법 형태를 연습하고, "Bring Together"와 "Let's Communicate"에서 점점 좀 더 자연스러운 대화와 의사소통 활동으로 나아가게 한다. 특히 후자에서는 주어진 쓰레기, 지구 온난화, 에너지 낭비 등의 문제에 대한 해결책을 모둠별로 논의하고 그 방안을 전체적으로 발표하고 평가하게 한다.

이 과의 글감은 수업에서 모둠 숙제로 '지구를 살릴 재미있는 방안 발견하기' 프로젝트가 있었던 상황에서 시작된다. 그리고 조사하였거나 생각해 낸 것으로, "Play the Do-Re-Mi Staircase"라는 전기 에너지 절약 아이디어, "Don't Break the Heart"라는 물 절약 방안, 그리고 "Feed the Monsters"라는 자원 재활용 방안 등 세 가지를 모둠별 대표가 발표하는 형식으로 제시되어 있다. 이를 통하여 사람들이 환경 보호와 에너지 절약 등에 자발적으로 참여할 수 있도록 함과 동시에 재미를 증진시킬 수 있는 방안들을 소개한다.

글감의 이해를 점검하는 활동에서도 말미에 흥미로운 환경보호와 자원절약 아이디어를 조사하여 이야기할 기회를 제공한다. 그리고 "Build Up"과 "Play with Grammar"에서는 어휘와 문법을 익힌 후, "Think & Write"에서 휘발유 과도사용, 음식물 낭비, 병·종이의 낭비 등에 대하여 다음 두 단계를 거쳐, 짧은 제안서를 쓸 수 있도록 있도록 안내한다.

Step 1: 차를 이용한 등교, 많은 음식물 쓰레기, 불충분한 자원 재활용과 관련하여 '문제점'을 지적하고 그 '영향'을 말하며, '제안'을 보기에 주어진 표현으로 완성하게 한다.

Step 2: 그 글감과 표현들을 결합하여 '제안서'를 쓰는 연습을 한다.

[예시] "I am worried about the environment. These days, I see lots of students come to school by car. Using cars makes the air bad. ..."(이재영 외, 2013, p. 131–132).

Step 1은 제안서의 구성 요소를 익히는 단계이다. 그다음 Step 2는 그러한 구성요소들을 결합한 제안서를 한 문단으로 예시하고 빈 줄을 메우면서 앞에서 제시된 내용을 가져와 제안서를 써 보게 한다. 제안서라는 장르를 자연스럽게 익히게 하는 이 활동은 '영어로 표현하기' 역량을 한층 심화하게 하는 우수한 쓰기 활동이다.

그리고 최종적인 형성평가가 이루어지기 직전 활동인 "Project"에서는 학습자의 자기 의사결정 기회가 주어진다. 4명이 한 모둠을 이루어 다룰 환경 문제를 결정하고 그 문제를 해결할 재미있는 아이디어를 찾아 발표하게 하는 것이다. 이는 '자기관리' 역량뿐 아니라 '지식정보처리' 역량을 신장할 것이다.

확장: '창의적 사고력'과 '공동체' 역량 강화하기

이 과는 재미있는 환경보호/자원절약 아이디어를 찾아냄으로써 학습자의 창의적 사고력 증진, 실천력 개선 등을 기한다는 점에서 매우 긍정적이나, 학습자가 창의적인 사고를 할 기회 자체는 많이 제공하고 있지 않다. 그래서 다음과 같은 확장을 생각할 수 있다.

- 패스트패션이 만들어지는 과정에서 환경에 부정적인 영향을 미치는 점과 관련된 정보를 제공한다. 맥락성을 높이면서 지역사회 생활환경과 관련된 '환경 다큐 제작' 방안도 추구하게 확장할 수 있다. 우선 학습자 맥락에서 지역사회, 국가, 세계로 그 맥락성을 확장하는 것이 가능하다. [융복합 역량]
- '패스트패션'이 환경에 미치는 악영향과 관련된 정보를 이용하

도록 도울 수 있다. 우리나라의 실태를 보고하는 캠페인성 다큐를 영어로 제작하여 유튜브 등에 올리게 한다. ['영어로 표현하기' 역량, 융복합 역량 함양]

- 학습자가 패스트패션 옷을 소비한 경험들이 있을 수 있다. 이 경험들의 공유로 소비 생활을 점검하게 한다. [자기관리 역량 증진]

3) 융복합교육을 준비하는 영어선생님께

융복합교육은 21세기의 핵심역량의 배양을 목표로 하고 있다. 이러한 역량들은 학습자가 '평생' 필요로 하는 것으로써 직업이나 삶의 양상이 급변해 나가는 21세기에는 그 무엇보다도 필요한 자질들일 것이라고 생각되는 것이다. 융복합교육은 기본적으로 교과 내용과 핵심역량의 배양을 '통합'하여 교육하자는 것이므로 타 교과와의 융복합도 가능하지만 앞에서 논의한 바와 같이 영어 교과 내에서의 융복합교육적 확장도 얼마든지 가능하다. 또 위에서 논의한 영어 교과 역량이 주가 되겠지만, 다른 역량의 배양이 가능할 때 그것을 구태여 '배제'할 필요는 없다고 판단된다. 교과를 나누고 역량을 구분하는 것은 교육적 용이성을 위한 것이지만 여전히 인위적인 구분임도 사실이기 때문이다.

그런데 이런 전반적인 역량의 함양은 타 교과와의 융복합 학습 프로그램을 기획하여 제공할 때 훨씬 수월해질 것이다. 개별 교과에서 배운 내용(지식, 가치, 태도, 기량)과 역량들을 학습자가 자기 것으로 만들고 '통합'해 낼 때 비로소 그들의 학습이 '완성'되고 인격적 성장이 가능할 것이다. 그런데 많은 학습자는 그러한 '통합'의 과정에서도 교육적 도움을 필요로 할 수가 있다. 패스트패션 프로그램과 같은 융복합교육 프로그램은 학습자에게 그러한 통합의 '문'을 열어 주는 역할을 할 수 있을 것이고, 그런 면에서 교과통합적인 가치를 지니고 있다.

타 교과와 함께 하는 융복합교육을 구성함에 있어서 학습자의 일반적 인식 및 지식 수준과 영어 숙달도가 큰 차이가 나기 때문에 항상 적지 않은 어려움을 겪게 된다. 그러나 학습자가 저마다 소양, 지식, 기량 등에서 상이하기 때문에 그러한 점들은 '긍정적'으로 인정해 주면서, 그들의 현 수준에서 도약할 수 있는 '도전적'인 목표를 달성할 수 있도록 격려한다면, 패스트패션 프로그램은 선생님들께나 학습자에게나 매우 의미 깊은 학습과 성장의 기회를 제공할 것이다.

3. 패스트패션 프로그램과 수학

전통적으로 수학 교과는 학습자가 실세계에서 직면하는 문제 해결에 적용 가능한 개념, 원리, 기능을 일반화 가능한 지식의 형태로 지도해 왔다. 또한 패스트패션 프로그램에서 사회교과나 과학교과 등에서 지식 요소로 다루어지는 의류쇼핑, 의류 소재, 화폐, 상품권, 소비, 임금, 자원 이용, 수질 오염 등이 수학 교과에서는 지식 요소라기보다는 수학적 활동을 위한 제재로 활용되는 경우가 많다. 이와 같은 수학 교과의 특성을 고려하여 이 절에서는 패스트패션에 제시된 활동과 관련된 수학 교과의 역량 요소를 포함하거나 제재를 활용한 과제를 중심으로 하여 패스트패션과 관련된 사회적 이슈나 제재를 어떻게 도입하며 수학 교과 역량 함양을 위한 활동을 어떻게 수행할 수 있을지 생각해 봄으로써 수학 교과에서 융복합수업을 계획하고 실행할 때 유용한 길잡이를 제공하고자 한다.

1) 패스트패션과 수학 교과 역량

2015 개정 수학과 교육과정의 주요한 특징 가운데 하나는 수학 교과의 핵심적인 역량을 핵심 개념과 함께 수업에서 강조하는 것이다. 개정 교육과정에서 제시한 수학 교과의 '핵심역량'(이하 '수학 교과역량')은 (1) 문제 해결, (2) 추론, (3) 창의·융합, (4) 의사소통, (5) 정보처리, (6) 태도 및 실천의 6가지이다. 〈표 2-4〉는 수학 교과역량과 각 역량 별 하위 요소를 보여 준다.

〈표 2-4〉 2015 개정 수학과 교육과정의 수학 교과 역량

교과 역량	의미	하위 요소
문제 해결	해결 방법을 알고 있지 않은 문제 상황에서 수학의 지식과 기능을 활용하여 해결 전략을 탐색하고 최적의 해결 방안을 선택하여 주어진 문제를 해결하는 능력	문제 이해 및 전략 탐색 실행 및 반성 협력적 문제 해결 수학적 모델링 문제 만들기
추론	수학적 사실을 추측하고 논리적으로 분석하고 정당화하며 그 과정을 반성하는 능력	관찰과 추측 논리적 절차 수행 수학적 사실 분석 정당화 추론 과정의 반성
창의·융합	수학의 지식과 기능을 토대로 새롭고 의미 있는 아이디어를 다양하게 산출해 내고 이러 관점에서 문제를 바라보고 해석하며 수학을 수학 내적·외적 상황과 연결시키고 활용하는 능력	독창성 유창성 융통성 정교성 수학 내적 연결 수학 외적 연결
의사 소통	수학 지식이나 아이디어, 수학적 활동의 결과, 문제 해결 과정, 신념과 태도 등을 말이나 그림, 글, 기호로 명확하게 표현하고 다른 사람의 아이디어를 이해하며 함께 협력하는 능력	수학적 표현의 이해 수학적 표현의 개발 및 변환 자신의 생각 표현 타인의 생각 이해 협력과 존중
정보 처리	다양한 자료와 정보를 수집·분석·활용하고 적절한 공학적 도구나 교구를 선택·사용하여 자료와 정보를 효과적으로 처리하는 능력	자료 및 정보 수집 자료 및 정보 분석 정보 활용 공학적 도구 및 교구 활용
태도 및 실천	수학의 가치를 인식하고 자주적인 수학 학습 태도와 민주 시민의식을 갖추어 실천하는 능력	가치 인식 자주적 학습 태도 시민의식

한편, 앞서 논의하였듯이 융복합교육은 '도구의 상호작용적 사용 역량' '이질 집단 내에서의 상호작용 역량' '자율적 실천 역량'을 교육목표로 지향한다. 2015 개정 수학과 교육과정이 제시하는 6가지 교과역량 가운데 문제 해결, 추론, 정보처리, 창의·융합은 융복합교육이 제시하는 역량 가운데 '도구의 상호작용적 사용 역량'과 연결 지어 볼 수 있으며, 의사소통은 '이질 집단 내에서의 상호작용 역량'과, 그리고 태도 및 실천은 '자율적 실천 역량'과 연결 지어 볼 수 있다. 이처럼 융복합교육은 2015 개정 수학과 교육과정이 지향하는 역량 기반 교육을 수업에서 실천하는 데 적용 가능하다.

패스트패션 프로그램의 도입활동 사례인 '옷장을 부탁해'에서는 학습자가 옷장의 관찰을 통해 옷장 주인의 취향, 옷의 종류, 색상, 옷감의 종류, 원산지, 용도 등 의류와 관련된 자료를 수집하고 다양한 방식으로 분류한 후 그림, 글, 기호 등의 다양한 표현 방법을 통해 정리하였다. 관찰을 통한 자료의 분류와 정리를 중심으로 실행된 이 과정은 수학 교과 역량 가운데 정보처리와 관련성이 깊다. 이질적인 구성원들로 구성된 모둠에서 어떤 자료를 어떤 방법으로 정리하고 표현할 것인지에 대하여 다양한 관점이 등장하였고 학습자는 이견이나 갈등을 조절하고 협력하면서 공동으로 과제를 해결하는 경험을 하였다. 이러한 활동은 문제 해결, 의사소통 역량을 촉진시킬 수 있다.

도입활동 사례: 옷장을 부탁해!

옷장 주인의 의류 취향(또는 소비취향)을 알아봅시다.

–옷장 주인의 의류 취향(또는 소비취향) 패턴을 찾아봅시다.
–옷장의 옷을 자신만의 분류 기준을 정하고 분류해 봅시다.
–분류한 옷들을 다양한 방식으로 표현해 봅시다.

모둠별로 정리한 결과를 발표하고 각 모둠별 표현 방법의 장·단점에 대하여
이야기한 후 수정·보완할 사항들을 논의해 봅시다.

–모둠별로 분류기준과 결과를 발표해 봅시다.
–각 모둠별 표현 방법의 장점과 단점에 대하여 이야기해 봅시다.
–표현 방법의 단점을 보완하고 표현하기 위해 반드시 들어가야 할 내용(요소)을
 추가하여 표현방법을 수정해 봅시다.

염색약을 희석해 보는 활동에서 학습자는 물의 양에 따른 농도 (탁도)의 변화를 실험기구를 통해 측정하고 그래프로 표현하였으며 그 결과를 바탕으로 청바지 한 벌을 희석하는 데 필요한 물의 양을 추측하고 계산하였는데 이러한 활동은 수학 외적 연결을 통한 융합 및 추론 역량과 연결된다. 이 활동을 좀 더 확장한다면 천연염료 등을 포함한 다양한 염료를 이용한 염색 활동과 연결하여 학습자가 수질 오염을 방지하기 위하여 어떤 염료를 활용하는 것이 좋을지 결정해 보도록 함으로써 추론, 의사소통, 정보처리, 태도 및 실천 등의 역량을 함양할 수 있다.

패스트패션 프로그램의 전반적인 실행 과정에서 학습자는 컴퓨터나 스마트폰을 활용한 인터넷 검색을 통하여 자료를 수집하고, 자신의 생각과 자료를 비교·분석하며, 활동을 통해 얻은 결과를 마인드맵, 그래프, 글, 파워포인트 등의 다양한 형태로 발표하고 자신만의 독창적이고 개성 있는 프로세스폴리오를 만들어 냈다. 특히 패스트패션 프로그램은 환경 문제, 인권 문제까지 포함함으로써 학습자가 시민으로서 자신의 실천방향을 생각해 보는 기회를 제공하였다. 이러한 전반적인 과정은 태도 및 실천, 창의·융합 역량의 함양을 촉진할 수 있다.

2) 수학 교과에서의 패스트패션 사례

앞 장에서 살펴보았듯이 패스트패션은 현대인의 삶과 관련된 다양한 이슈와 주제를 포함하는 현상이다. 흔히 '수학 수업'이라고 하면 수학적 개념과 원리, 절차적 지식과 관련된 연습 문제의 반복 연습을 연상한다. 이로 인해 수학 교과는 패스트패션이 제기하는 이슈나 제재 등을 다루기에 적절하지 않다는 선입견을 가질 수 있을 것이다. 그러나 우리나라 수학과 교육과정은 일상적인 주변 현상, 사회 현상, 자연 현상 등과 같은 실세계 현상을 바탕으로 한 탐구 과정을 통해 학습자 스스로 수학적 개념과 원리에 대한 지식을 의미에 충실한 방식으로 학습해 가도록 권장해 왔다. 현재 학교 현장에서 사용되고 있는 수학교과서는 단순 연습 문제 중심의 전통적 구성에서 탈피하여 학습자의 삶과 다양한 방식으로 연결성을 갖는 방향으로 변화하고 있다. 이러한 맥락에서 수학교과서에는 패스트 패션 프로그램에 포함된 이슈와 제재들을 포함한 과제가 다수 포함되어 있다. 이러한 과제의 대표적인 사례로 의류쇼핑과 환경 문제에 관련된 교과서 과제들을 살펴보자.

[사례 1] 의류 쇼핑

의류는 학습자에게 친근하고 매일 일상적으로 접하게 되는 대상이므로 의류와 관련된 다양한 사고와 활동이 가능하다. 중학교 수학교과서를 살펴보면 공동구매를 위한 교복 가격 정하기, 상의와 하의 짝지어 입는 방법의 수 구하기, 의류구매 계획하기 등과 같이 의류 쇼핑이라는 패스트패션 관련 제재를 활용하는 과제를 다음과 같이 다양하게 찾아볼 수 있다.

달빛중학교에서는 신입생들이 교복을 공동
으로 구매하기로 하였다. 교복 상의 한 벌의
가격을 x원이라고 하고 하의 한 벌의 가격
을 y원이라고 하자.

- 상의 1벌, 하의 1벌의 구매가격을 식으로
  나타내 보자.
- 상의 2벌, 하의 1벌의 구매가격을 식으로
  나타내 보자.

시우는 학예회용 단체 티셔츠를 구매하기 위하여 온라인 쇼핑몰을 이용
하려고 한다. 이 쇼핑몰에서는 구입 가격의 8%를 할인해 주는 쿠폰과 구
입 가격에서 6000원을 할인해 주는 쿠폰 중에서 한 가지 쿠폰을 사용할
수 있다. 시우는 어떤 쿠폰을 사용하는 것이 더 유리하겠는가?

앞에 제시된 과제는 상의와 하의를 짝지어 입는 방법의 수를 구하
거나 보다 많은 할인을 받을 수 있는 방법을 찾아보는 맥락을 활용하
여 학습자가 합리적인 소비를 위한 의사결정에 필요한 수학적 개념
과 기능을 학습하도록 하고 있다. 이들 과제를 학습자가 자신이 가
지고 있는 의류를 종류별로 정리해 보도록 한 후 경우의 수를 바탕으

로 하여 어느 정도의 의류가 추가적으로 필요할지 판단해 보고 그에 따라 구매 계획을 세우고 구매 비용을 계산하는 활동과 연결 지어 확장할 수 있을 것이다. 이러한 활동은 자신이 가지고 있는 옷의 활용도, 구매 동기 등을 설명하는 활동과 연결 지음으로써 학습자 스스로 소비 활동을 반성하고 합리적인 소비를 계획하는 능력을 키우고 문제 해결, 추론, 의사소통, 태도 및 실천 등과 같은 다양한 수학 교과 역량을 함양하는 것으로 이어질 수 있다.

앞에서 소개하였던 '옷장을 부탁해'는 수학 교과에서 주로 문자와 식, 함수, 확률과 통계 단원 내용과 연결성을 가지고 이루어졌으나 테셀레이션 패턴을 활용하여 재활용 의류를 가방으로 리폼하는 만들기 수업을 통해 기하와 미술을 연계하는 패스트패션 수업이 가능할 것이다. 다음은 G 고등학교 학습자가 직접 제작한 엽서의 디자인이다. 첫 번째 작품은 "사람과 사람"으로 끝없이 계속되는 인간 사이의 관계를 상징하는 작품이다. 두 번째 작품은 "진정한 지배자"로 이 세상의 진정한 지배자인 시간은 우리가 지체하면 할수록 환경오염으로 점점 소멸되어 가는 지구를 되살릴 수 있는 기회의 모래시계를 점점 작아지게 한다는 의미를 담고 있다. 이와 같이 테셀레이션을 활용한 패스트패션 수업에서 학습자가 직접 디자인한 테셀레이션은 환경보호 엽서, 리폼 의류로 제작하여 판매하고 그 수익금을 기부하는 활동으로 확장할 수 있다.

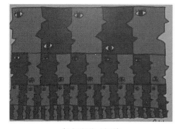

〈사람과 사람〉

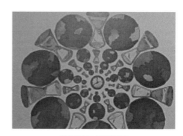

〈진정한 지배자〉

테셀레이션을 제작하기 전에 세계사회가 공유하고 있는 쟁점이 무엇인지 찾아보고 그것의 심각성을 알리거나 문제 해결을 위한 메시지를 전달할 수 있도록 '스토리가 있는' 테셀레이션 문양을 디자인해 보고 세계사회의 변화를 위해 자신의 디자인 활동 결과물을 어떻게 활용할지 결정하고 실천하는 경험을 통해 태도 및 실천 역량도 함양할 수 있을 것이다.

뿐만 아니라 기하적 문양을 만드는 디자인 활동은 학습자가 다양한 도형을 다루고 도형의 성질을 탐구할 수 있는 맥락을 제공할 수 있다. 예를 들어, 학습자가 친환경 디자이너 단체를 만들고 리폼 작업에 참고할 수 있는 테셀레이션을 포함하여 다양한 기하적 문양을 디자인하는 데 참고할 수 있는 매뉴얼로 제작하여 다른 디자이너 단체에게 확산하는 역할을 한다고 가정해 보자. 이 매뉴얼은 특정 테셀레이션을 디자인하는 절차를 포함하기도 하지만 매뉴얼을 참고하는 디자이너가 자신의 독창적인 아이디어를 담은 테셀레이션을 디자인하는 것을 돕기 위하여 '한 종류의 정다각형을 이용하여 테셀레이션을 만들 때 이용할 수 있는 정다각형은 몇 가지인가?' '특정 정다각형만이 테셀레이션을 만들 수 있는 이유는 무엇인가?' 등과 같이 테셀레이션과 관련된 기하적 성질들을 설명하는 부분도 포함하도록 한다면 작도 활동을 통해 도형의 평행이동, 회전이동, 각의 크기 등과 같이 테셀레이션을 만드는 과정에 관련된 기하적 성질과 원리를 탐구하고 추론하며 탐구 결과를 효과적으로 공유하기 위한 다양한 표현 방법을 고민하도록 함으로써 의사소통 능력을 함양할 수 있을 것이다.

[사례 2] 환경 문제

　패스트패션을 생산하고 소비하는 과정에서는 염색, 의류폐기 등에 따른 수질 오염, 토양 오염, 대기 오염 등의 다양한 환경 문제가 발생한다. 이러한 맥락에서 환경 문제는 패스트패션과 관련된 주요한 이슈 가운데 하나이다. '옷은 어떻게 만들어질까?' 사례에서 옷이 만들어지는 과정을 탐구하면서 염색 과정에서 오염된 폐수를 정화하기 위한 희석수의 양과 처리 비용, 유행에 앞서가면서 싸고 빠르게 의류를 소비하도록 만드는 패스트패션의 특성으로 인하여 급증하는 의류 쓰레기로 인한 환경 문제 등을 학습하였다. 이러한 환경오염과 관련하여 수학 교과서에도 다음과 같이 탄소발자국, 친환경 에너지, 미세먼지 등과 같이 환경 문제와 관련된 제재를 활용하는 과제들이 다수 등장하고 있는 것을 볼 수 있다.

탄소발자국은 사람의 활동이나 상품을 생산, 소비하는 전 과정을 통해 직·간접적으로 배출되는 온실가스 배출량을 이산화탄소(CO_2)로 환산한 총량을 의미한다. 표시 단위는 무게 단위인 kg 또는 우리가 심어야 하는 나무 수로 나타낸다(한경 경제용어사전, 한국경제신문/한경닷컴).

과제1) 일주일 동안 일상생활에서 내가 배출하는 이산화탄소(CO_2)의 양은 얼마나 되는지 계산해 보자.
과제2) 한 달 동안 우리 학교의 전기 사용량, 수도 사용량, 쓰레기 배출량을 조사하여 탄소 발자국과 심어야 하는 나무 수를 구해 보자.
과제3) 생활 속에서 탄소 발자국을 줄일 수 있는 방법을 찾아보고, 실천방안을 친구들과 얘기해 보자.

다음은 친환경 자동차에 대한 설명이다.

- 1회 충전으로 383㎞까지 달릴 수 있다.
- 1㎞를 주행하는 0.9kWh만큼의 전력량이 소비된다.
- 주행거리에 따른 소비되는 전력량은 일정하다.

다음 자료의 월별 평균 미세먼지 농도는 매일 관측한 수치의 평균값이다.

구분	도시대기측정소 오염도: 미세먼지[PM−10(ug/m³)]											
	1월	2월	3월	4월	5월	6월	7월	8월	9월	10월	11월	12월
서울시 평균	50	45	64	71	56	46	33	34	37	37	53	48

서울특별시 대기환경 정보(http://cleanair.seoul.go.kr/main.htm)

앞에 제시된 과제들은 패스트패션으로 인하여 직접적으로 발생하는 환경 문제를 다루고 있지는 않다. 하지만 탄소발자국 과제의 경우는 패스트패션을 다루는 과제로 확장할 수 있다. 예를 들어, 상품의 생산과 소비과정에서 발생하는 온실가스를 이산화탄소 배출량으로 환산한 수치라는 개념을 알고 쓰레기 배출량을 조사하는 과제를 다룰 때 패스트패션으로 인하여 발생하는 쓰레기 배출량을 조사하게 할 수 있다. 또한 탄소 발자국을 줄일 수 있는 방법을 찾을 때에 옷을 물려 입거나 리폼하는 등 다양한 의류 재활용에 대한 아이디어와 대안이 제시될 수 있다.

환경 문제와 관련하여 수학교과서에서 찾아볼 수 있는 또 다른 제재는 수질 오염에 관한 것이다. 예를 들어, 특정 오염 물질 $1ml$를 정화하는 데 필요한 희석수의 양을 구하는 과제를 찾아볼 수 있다. 이 과제는 앞에서 언급하였던 염색 활동 및 희석수 실험과 연결하여 해결할 수도 있다. 그러나 융복합 수업에서 교사는 패스트패션과 관련된 탐구 활동이 항상 자명한 의사결정으로 이어지지 않을 것이라는 점을 염두에 두어야 한다. 예를 들어, 순면 의류가 환경적으로 가장 적합한 선택일지 결정하는 과정은 단조롭지 않다. 면섬유의 경우 목화의 재배 단계에서 생산, 가공 단계를 거치며 많은 양의 살충제, 제초제, 표백제, 합성염료 등이 사용되어 생태계와 인체에 여러 가지 부정적 영향을 주는 것으로 알려져 있다. 또한 청바지 한 벌을 만드는 데 11,000 l의 물이, 면 티셔츠 한 장을 만들기 위해선 약 400 l의 물이 필요하며 인체에 해로운 염료를 사용하고 있다. 이처럼, 우리가 입고 있는 옷을 만들기 위한 과정에서 엄청난 물이 소비되고 수질오염이 발생되고 있다. 반면, 모, 견, 모피, 합성섬유 등을 이용한 의류는 면의 생산과 가공 과정에서 나타나는 수질오염 관련 문제는 해소할 수 있지만 다른 종류의 환경 문제를 유발한다.

　　따라서 의류에 사용되는 재료가 유발하는 환경적 영향을 탐구하는 과정은 특정 섬유가 모든 환경 문제를 해소할 수 있을 것이라고 생각하는 단순한 생각을 바로잡을 수 있을 뿐만 아니라 최적의 선택을 해가는 과정에서 다양한 요소 사이의 복잡성, 나아가 우리가 살아가는 세계의 복잡성에 대해 인식할 수 있는 기회를 제공할 것이다. 이와 같이 의류 생산 및 소비 과정의 다양한 측면을 구체적인 자료를 바탕으로 하여 비판적으로 검토하는 경험은 다수의 입장을 고려하는 민주적 의사결정 능력을 함양하는 데 기여할 수 있을 것이다.

3) 융복합교육을 준비하는 수학선생님께

　　역사적 발생 과정을 살펴보면 수학은 매우 융복합적 지식임을 알 수 있다. 즉, 수학은 경제학, 과학, 미술, 음악 등 다양한 영역의 인간 활동과 연결되어 등장하였고 수학자들은 그러한 다양한 맥락의 인간 활동 속에서 보편적으로 성립하는 수학적 개념과 성질, 원리들을 탐구하고 논리적으로 체계화하는 과정을 통해 정립되어 왔다. 이러한 발달 과정에서 수학은 또한 인종, 민족, 시대, 종교의 경계를 넘나들며 다양한 집단의 문화적 세계관을 통합하며 성장해 왔다.

예를 들어, 이집트의 실험적 수학은 그리스로 전승되어 논증 수학으로 정리되었고 아라비아는 그들의 수학적 전통 속에서 그리스의 수학을 보존·확장하는 역할을 하였다. 아라비아인에 의해 보존된 그리스 수학은 르네상스 시대 아라비아와 무역 활동을 했던 이탈리아 상인들에 의해 다시 유럽으로 돌아와 상인들의 후원을 받은 수학자들에 의해 상업수학으로 발전하였다. 상인의 후원을 받으며 성장한 수학자 집단은 과학혁명을 이루었고 근대수학을 탄생시켰다. 이와 같이 수학은 다양한 집단의 문화를 통합하여 발전해 왔으며 해석기하학 등과 같이 수학 내적으로 다양한 관점과 방법을 융합하며 성장해 온 학문이다.

이와 같은 수학의 융복합적 성격에도 불구하고 수학에서는 다른 교과에 비해 융복합교육이 잘 이루어지지 않거나 융복합수업에서 단순히 계산을 위한 도구적 교과로 도입되는 수준에 멈추는 경우가 많다. 앞에서 소개한 교과서 사례들은 수학 교과가 융복합교육에 보다 다양한 방식으로 도입될 수 있는 가능성과 함께 융복합적 접근을 통해 학습자에게 친숙한 실세계 맥락에서 수학을 탐구하고 협력적으로 수학을 창조해 가는 수업의 가능성을 보여 준다. 이러한 측면에서 융복합적인 수학수업은 궁극적으로 세계에 대한 인간의 능동적 탐구에서 비롯된 지식인 수학이 가지고 있는 교과로서의 정체성을 학교수학에 되살리고 삶의 주체로서 학습자의 역량을 강화하는 데 기여하는 수학교육으로의 변화를 위한 노력으로 볼 수 있을 것이다.

4. 패스트패션 프로그램과 사회

1) 사회과 교과역량과 패스트패션 프로그램

패스트패션 프로그램은 융복합교육을 구현하고자 한 하나의 실험 프로그램이다. 이 프로그램은 융복합 역량의 함양을 목표로 하고 있다. 융복합교육은 '도구의 상호작용적 활용 역량' '이질적 집단에서의 상호작용 역량' '자율적 행동 역량'을 교육목표로 지향한다.

패스트패션 프로그램에서 추구하는 융복합 역량은 2015 개정 사회과 교육과정이 추구하는 핵심역량과 상통하는 바가 적지 않다. 2015 개정 교육과정은 창의융합형 인재 양성을 추구하며 모든 학습자가 인문, 사회, 과학기술에 대한 기초 소양을 함양할 것을 강조하고 있다. 특히 교수·학습 및 평가 방법 개선을 통한 핵심역량 함양 교육에 중점을 두고 있다. 2015 개정 사회과 교육과정도 사회과 교과의 성격을 설명하는 부분에서 "사회과는 민주시민으로서 갖추어야 할 자질을 함양하는 데 필요한 창의적 사고력, 비판적 사고력, 문제 해결력 및 의사결정력, 의사소통 및 협업 능력, 정보활용능력 등의 핵심역량을 육성하는 데 중점을 둔다."(교육부, 2015b, p. 3)고 밝히고 있다. 사회과 교과 핵심역량이 의미하는 바와 하위요소는 다음과 같다.

〈표 2-5〉 사회과 교과 역량과 하위 요소

교과 역량	의미	하위 요소
창의적 사고력	새롭고 가치 있는 아이디어를 생성하는 능력	• 사회적 문제 상황에 직면하여 사태를 새로운 시각으로 바라보는 것 • 문제를 다양한 관점에서 보는 것 • 문제를 명료화하거나 재정의하는 것
비판적 사고력	사태를 분석적으로 평가하는 능력	• 사물, 상황, 지식 등의 신뢰성, 정확성, 진위 여부 등을 평가하는 능력 • 논리적 일관성과 논증의 타당성을 판단하는 능력
문제 해결력 및 의사결정력	다양한 사회적 문제를 해결하기 위해 합리적으로 결정하는 능력	• 문제 해결을 위해 최적의 방안을 도출하는 능력 • 사회현상과 문제를 탐구하고 선택 가능한 대안 중 가장 적절한 해결책을 선택하는 능력
의사소통 및 협업 능력	자신의 견해를 분명하게 표현하고 타인과 효과적으로 상호작용하는 능력	• 자신의 관점을 효과적으로 표현하는 능력, 상대방의 의견을 존중하고 상호작용하는 능력 • 타인을 존중하며 협력하는 능력
정보활용 능력	다양한 자료와 테크놀로지를 활용하여 정보를 수집, 해석, 활용, 창조할 수 있는 능력	• 문제 해결을 위해 필요한 정보를 취득, 평가, 활용하고 창출하는 능력 • 미디어를 비판적으로 이해하고 창조적으로 활용하는 능력 • 정보의 창출과 활용 시 윤리를 준수하는 것

　　2015 개정 사회과 교육과정이 제시하는 5가지 교과 핵심역량은 융복합교육 역량과 연결하여 설명할 수 있다. 융복합교육은 사회과 교육과정에 나타난 "다양한 주제와 방법을 활용하여 학습하는 기회를 제공하고, 학습자의 흥미와 관심을 고려하여 개개인에 적합한 경험을 제공하는 것을 지향"하는 방향과 부합한다. 융복합교

육에서 추구하는 도구의 상호작용적 활용 역량은 사회과 교육과정에서 핵심역량으로 제시한 '창의적 사고력' '정보활용능력'과 밀접하게 연관된다. 패스트패션 프로그램 프로그램에서도 활동을 통해 얻은 정보를 다양한 형태의 그래프와 마인드맵으로 표현하는 활동을 하였고 이를 자신의 프로세스폴리오를 통해 학습 성과로 정리하였다. 21세기 4차 산업혁명의 시대에는 기존의 언어와 문자를 넘어서는 다양한 상징과 텍스트가 지식 정보 기술을 기반으로 활용되고 있다. 창의적으로 다양한 상징과 텍스트를 활용하는 능력은 필수적인 역량이 되고 있다. 아울러 다양한 테크놀로지 매체를 활용하는 역량도 융복합교육 프로그램에서 활용되었다. 학습자는 컴퓨터 및 스마트폰을 활용한 인터넷 검색으로 패스트패션과 관련된 다양한 자료를 수집하고 활용하였으며 그 결과를 파워포인트를 활용해 소개하기도 하였다. 이러한 테크놀로지의 학습 활용은 사회과에서 요구하는 '정보활용능력'을 촉진시킬 수 있다. 융복합교육 프로그램에서 강조된 이질적 집단에서의 상호작용 역량은 사회과의 '의사소통 및 협업 능력' 함양에 효과적으로 기여할 수 있다. 패스트패션 프로그램 프로그램에 참여한 학습자는 학교와 거주 지역이 다른 학습자였다. 이들은 이질적인 구성원들과 모둠의 과제를 공동으로 해결하는 과정에서 타인과의 관계형성, 협력적 작업 수행, 갈등의 조정과 관리 등을 경험하였다. 이질적 구성원에 대한 관용과 구성원 간의 협업이 강조되는 다원화 사회에서 융복합 프로그램은 '의사소통 및 협업 능력'을 향상하는 데 촉매 역할을 할 수 있다. 사회과 교육과정에서 궁극적 목표로 하고 있는 민주시민의 자질은 일상생활에서 당면하게 되는 다양한 문제 상황에서 합리적 결정을 내리고 이를 사회적 참여와 실천으로 구현하는 역량이라고 할 수 있다. 융복합교육이 지향하는 자율적인 행동 역량은 정체성, 자존감 확립을 바탕으로 자신의 행동변화와 이를 확장해 지역 및 세계 사회의 바람직한 변화를 추구하는 것이다. 이는 사회과에서 강조하는 핵심역량인 '의사결정력' '문제 해결력'과 일맥상통한다. 패스트패션 융복합 프로그램에서 학습자는 단순히 패스트패션과 관련된 사회현상을 이해하고 이를 자신의 일상생활 경험과 연결하는 것에서 그치지 않는다. 패스트패션이 소비패턴, 노동과 생산에 초래하는 변화를 탐색하고, 이러한 변화가 환경 문제와 사회적인 인권문제와 연결되어 있음을 인식하고 자신의 실천방향을 고민해 보는 기회를 제공하고 있다. 이와 같이 융복합교육이 지향하는 역량목표는 2015 개정 사회과 교육과정의 핵심역량과 상호 긍정적으로 연계되고 시너지 효과를 창출할 수 있다.

2) 사회교과에서의 패스트패션 사례

사회과는 사람들이 사회생활을 하는 과정에서 부딪치게 되는 다양한 사회현상을 직접적인 학습 제재로 다루는 교과이다. 따라서 의류의 생산과 소비에서 나타나는 패스트패션이라는 새로운 사회적 현상도 사회과 교육내용과 밀접하게 관련될 수밖에 없다. 구체적으로 패스트패션 프로그램의 과정에 포함된 '가상 쇼핑' '마인드맵' '옷감 소재 분류' '옷의 생산과 소비 환경' '소비의 사회적 영향' '탐구 결과 정리 및 프로세스 정리' 활동은 사회과 경제영역의 학습내용과 직간접적으로 관련이 있다. 2015 개정 교육과정의 사회과 중학교 경제 영역에서는 '경제생활과 선택' '시장경제와 가격'등의 단원을 포함하고 있다. 경제 단원에서 다루는 다양한 지식과 기능 요소를 패스트패션 프로그램의 활동과 접목하여 학습을 심화하거나 확대할 수 있다.

[사례 1] 의류 소비

　패스트패션은 의류가 일회용품처럼 쉽게 소비되는 문제를 다룬다. 활동은 인터넷 쇼핑몰에서 가상화폐로 옷을 구매해 보는 시뮬레이션활동으로부터 시작된다. 그리고 학습자 자신이 구매한 상품과 선택이유를 표에 적도록 하고 있다.

　소비는 사회과 경제학습에서 다루는 핵심적인 제재이다. 우리가 사회구성원으로서 원만한 사회생활을 하기 위해서는 재화와 서비스의 소비가 필수적이기 때문이다. 그러나 인터넷 쇼핑에서 가상화폐가 제한된 것과 같이 우리가 갖고 있는 돈(자원)은 한정적이기 때문에 아까운 돈을 효율적으로 사용하는 합리적 소비가 요구된다.

　사회 교과서에서는 '합리적 소비를 제한된 소득 내에서 만족이 큰 소비'라고 설명하고 있다. 합리적 소비는 비용 대비 편익이 큰 소비를 의미한다. 낮은 가격의 제품, 좋은 품질과 서비스는 소비에 만족을 가져온다.

　패스트패션 프로그램의 도입 활동인 인터넷 쇼핑몰에서 의류를 구매하고 선택 이유를 적고 친구들과 이야기하는 활동은 사회 교과서 학습과 자연스럽게 연결된다. 패스트패션 의류를 구매한 자신의 행동이나 친구의 행동에 대해 이야기를 할 때, 관련된 사회과 경제학습 내용은 이를 판단하거나 평가할 수 있는 기준을 제공해 줄 수 있다. 다음 사례는 합리적 소비와 관련된 사례이다. 합리적 소비는 합리적이지 않은 소비와 대비될 때 좀 더 쉽게 학습할 수 있다. 실제로 우리는 일상생활에서 합리적이지 않은 소비를 하는 경우가 적지 않다. 여기에서는 "잘못된 소비 유형"을 사례로 소개하고자 한다. '남에게 과시하려는 소비' '자신의 소득 수준을 넘어서 부담이 되는 과소비' '필요하지 않음에도 남을 따라하는 모방소비' '충동적으로 하는 소비'의 사례가 그 예이다.

과시소비

충동소비

[사례 2] 환경오염

패스트패션 프로그램은 환경 문제를 다루고 있다. '옷은 어떻게 만들어질까?'라는 주제에서 패스트패션이 환경에 미치는 영향을 학습한다. 옷이 만들어지는 과정에서 염색처리가 필요하고 그 과정에서 발생하는 오염된 염료 폐수를 깨끗한 물로 희석하기 위해서는 많은 비용이 들어간다는 것이다. 패스트패션 프로그램에서는 이 과정을 옷이 만들어지는 과정, 옷을 만드는 다양한 옷감 소재, 염색 잔여물을 희석하는 실험활동을 통해 학습하고 있다.

　　사회과 학습과 연계를 한다면 옷 생산과정에서 나타나는 수질 오염과 물 부족 문제를 경제적 측면에서 바라볼 수 있다. 특히 사회 교과서에서는 물 부족 문제를 지원의 희소성과 관련하여 설명하고 있다. 중학교 「사회1」 교과서(이진석 외, 2012)의 탐구활동 사례는 물이 더 이상 무상재가 아니라 경제재가 되었음을 보여 주고 있다. 산업화에 따른 환경오염으로 물이 경제적으로 가치가 있는 '상품'이 되었다는 것이다. 사례의 내용은 물 소비량이 인구증가량보다 빨라 향후 심각한 물 부족이 예상되고 있으며, 게다가 산업화에 따른 물 오염 문제가 심화되고 있음을 지적하고 있다.

사례

"지구상에 있는 물의 중 식수로 쓸 수 있는 물은 0.01% 이하이다. 또한 물 소비량은 인구 증가량보다 1.6배나 빨라, 2025년이면 27억 명이 심각한 물 부족에 직면할 전망이다. 20세기가 '석유의 시대'였다면, 21세기는 '물의 시대'가 될 것으로 보는 이유다."(이진석 외, 2012, p. 267)

　　아울러 이 주제를 더 심화한다면 고등학교 경제 교과서의 시장실패 개념과 연계할 수도 있다. 「경제」 교과서(박형준 외, 2013)의 '시장 실패 해결을 위한 정부의 노력'에서는 외부 효과에서 비롯되는 시장 실패 개선을 위해 정부가 기업에 세금을 부과하여 환경오염 문제를 해결하려는 시도가 소개되고 있다. 패스트패션 의류 산업에서와 같이 상품을 생산하는 과정에서 물 오염과 같은 환경 문제가 발생하면 그 결과는 다른 사람들에게 피해를 주며 이를 해결하기 위해서는 이전에는 쓰지 않아도 될 돈(경제적 비용)이 들게 된다. 정부는 환경오염을 유발하는 기업들에게 오염 해결에 들어가는 비용을 확보하기 위해 세금을 부과하게 된다. 따라서 기업들은 세금을 피하기 위해 환경 친화적인 기술을 개발, 도입하거나 환경오염 물질을 줄이고자 노력하게 된다. 그리고 환경오염 유발이 불가피한 경우에는 환경오염 배출권을 구입하기도 하며, 이 과정에서 국제적으로 오염 물질의 수출입과 배출권 거래가 나타나기도 한다. 환경오염 문제를 해결하기 위한 국제적 협조는, 예를 들어 교토 의정서에서 도입한 배출권 거래 제도 등에서도 확인할 수 있다.

3) 융복합교육을 준비하는 사회선생님께

융복합교육은 사회 수업을 더욱 풍부하게 할 수 있다. 사회과는 학습자가 사회구성원으로서 당면하게 되는 다양한 사회 현상을 학습 대상으로 한다. 사회를 이해하고 사회생활 과정에서 발생하는 다양한 문제들을 해결하는 능력은 사회과에서 추구하는 민주시민의 핵심적인 자질이다. 사회는 복잡하게 얽혀 있다. 사회과에서는 다양한 학문적 배경과 사고력과 기능을 강조하고 있다. 융복합적 접근을 통해 사회과의 범위를 넘어서는 혹은 넘나드는 발상의 전환은 사회과 학습의 새로운 지평을 보여 줄 것이다.

사회과에서 다루는 학습주제는 내용 측면에서 통합적으로 접근한 경우가 많다. 전통적으로 사회과는 인간들의 사회적 상호작용 메커니즘을 공간적 범주와 시간적 변화의 차원에서 종합적으로 이해할 필요가 있다는 점을 강조해 왔다. 그런데 최근에는 기존의 사회과의 범위를 넘어 사회과의 영역을 확장하려는 시도들이 나타나고 있다. 사회과와 예술, 사회과와 과학, 사회과와 인문 등의 결합으로 나아가고 있다. 융복합교육은 이러한 점에서 사회과에서 낯선 시도가 아니다. 다만 사회과에서는 사회과라는 틀 속에서 학습을 풍부하게 하고자 통합 혹은 융복합교육에 대응했던 것이 사실이다. 이러한 시도도 물론 의미가 있지만 학습자가 교과를 넘나들며 경험하는 학습과정 자체에 주목하게 된다면 사회과의 영역은 더 넓어지고 특별히 의도하지 않아도 사회과는 자연스럽게 학습의 중핵이 될 수 있다. 물론 모든 사회과 학습 주제를 통합적으로 접근할 필요는 없다. 융복합교육을 사회과 교육을 보다 풍부하게 할 수 있는 매우 유용한 방안들 중 하나로 여기고 접근하면 좋을 것이다.

학습관련 행위주체 측면에서도 융복합교육은 시사하는 바가 크다. 사회 구성원으로서 우리는 다양한 상황과 맥락을 토대로 사회현상을 이해하고 사회적 활동에 참여하고 있다. 이 과정에서 공동체 구성원들은 서로 영향을 미치게 되며 이러한 사회적 상호작용의 과정이 사회현상 혹은 사회생활의 실제이기도 하다. 융복합교육은 다양한 참여 주체들 간의 인식적 대등성을 전제로 하는 다양성을 강조한다. 물론 특정 기능의 숙달차원에서는 학습 능력의 편차가 나타날 수도 있다. 그러나 사회현상을 이해하고 구성해 가는 과정에서 개별 학습자의 독특한 경험은 학습 맥락의 다양성으로 나타나며, 다양성을 바탕으로 한 학습은 참여하는 구성원들에게 그들이 경험해 보지 않은 풍부한 인식세계를 제공할 수 있다. 사회구성원으로서 학습자가 함께 이해하고 만들어 가는 학습 경험과 구조는 정답이라는 틀에서 벗어나 다양한 해답을 만들어 가는 사회과 학습의 전제라 할 수 있다.

사회현상을 표상하는 다양한 방법 측면에서도 융복합교육은 사회과 학습의 가능성을 촉진한다. 예를 들어, 경제에서 가격이 상승하면 수요량은 줄어든다는 수요의 법칙을 언어로 풀어서 설명할 수도 있고, 가격과 수요량과의 관계를 나타내는 그래프로 표현할 수도 있다. 또한 수요량과 가격의 함수관계를 수식을 통해 보여 줄 수도 있다. 사회과에서 현상을 표상하는 다양한 방법이 있는 것과 같이 다른 교과들은 그들의 고유한 표상방법을 갖고 있으며, 사회과와 다른 인식방법에 주목하면 사회과 학습을 풍부하게 하는 다양한 아이디어를 얻을 수 있다. 공급량 혹은 수요량과 가격의 관계를 소설 '허생전'에서는 말총을 매점매석하는 이야기를 통해 보여주고 있다. 영화에서도 경제학을 쉽게 발견하기도 한다. 과학기술의 발전은 쓸모없다고 여겨지던 자원을 경제적 가치가 있는 재화로 변신시키기도 한다. 과학적 실험을 통해 수집한 데이터는 우리가 사회적인 의사결정을 하는 데 도움을 주기도 한다. 그림을 통해 구현되는 이미지는 사회현상을 직관적으로 이해하는 데 효과적이다. 외국어는 동일한 현상을 표현하는 다양한 문자와 언어를 보여주며, 이를 통해 다양한 세계의 관점과 맥락에서 문제를 살펴보고 소통할 수 있는 기회를 제공한다.

그러나 사회과에서 융복합교육을 시도할 경우 유의할 점이 있다. 사회현상은 복잡하게 얽혀 있다. 그리고 이를 융복합적으로 연결하려고 할 경우 너무나도 많은 아이디어가 쏟아져 나올 수 있다. 이러한 아이디어를 하나의 학습주제에서 한 번에 모두 담아내기는 어렵다. 운동을 하거나 노래를 할 때도 힘을 빼고 하는 것이 중요하다고 한다. 사회과 융복합교육도 선택과 집중을 통해 간명한 학습 설계를 하는 것이 필요하다. 교사로서 나는 왜 이러한 융복합 방식을 선택했는지에 대한 납득할 수 있는 근거를 만들어 가며 실행을 해 나가면 좋겠다. 융복합교육의 시행착오의 경험을 통해 사회과 학습을 넓고 깊게 해 나갈 수 있을 것으로 기대한다.

5. 패스트패션 프로그램과 과학

과학 교과에서는 실제 세계의 복잡한 자연 현상을 과학적 원리와 개념을 통해 이해하고, 여러 가지 탐구 방법을 적용하여 기존의 과학 이론을 확인하거나 학습자 수준에서 새로운 과학 지식을 생산하는 데 초점을 둔다. 특히 2015 개정 과학과 교육과정에서는 과학 교과에서 일상의 경험과 관련이 있는 상황을 통해 학습자가 과학 지식과 탐구 방법을 즐겁게 학습하고 과학적 소양을 함양하여 과학과 사회의 올바른 상호 관계를 인식하며 바람직한 민주시민으로 성장할 수 있도록 한다는 점을 강조하고 있다(교육부, 2015a). "옷"이라고 하는 주제는 학습자에게 아주 친숙한 것이며, 특히 특정 회사의 패스트패션은 학습자의 일상적인 삶에 깊숙이 들어와 있다. 그러므로 패스트패션 프로그램을 통해서 과학 지식과 탐구의 학습, 과학적 소양의 함양, 과학과 사회의 상호 작용에 대한 인식 등에 대한 역량을 키우는 것이 가능할 수 있다. 패스트패션 프로그램에서 다루는 수질 오염, 옷의 생산과 소비 공정, 친환경적 과학기술 등의 주제 등은 과학적 개념을 새로 배우기보다는 여러 이슈를 이해하는 과정에서 과학적 지식을 활용하는 데 초점을 두고 있다.

여기서는 패스트패션과 2015년 과학과 교육과정에서 제시된 5가지 과학 교과 핵심 역량과의 관련성을 알아보고, 이를 증진시키는 데 도움이 될 수 있는 몇 가지 교수·학습 아이디어를 제공하고자 하였다. 또한 과학 지식을 사회적 맥락 안에서 활용하는 것과 관련된 교과서의 내용을 살펴봄으로써 제시된 패스트패션 프로그램 또는 다른 융복합교육적 주제와의 관련성을 탐색하고 이로부터 다양한 아이디어를 제안하며, 융복합교육을 수행하고자 하는 과학 교사의 입장에서 융복합교육을 계획, 실행하고자 할 때 고려할 수 있는 요소와 시사점을 알아보고자 하였다.

1) 패스트패션과 과학

2015 개정 과학과 교육과정에서는 '과학' 교과를 '모든 학습자가 과학의 개념을 이해하고 과학적 탐구 능력과 태도를 함양하여 개인과 사회의 문제를 과학적이고 창의적으로 해결할 수 있는 과학적 소양을 기르기 위한 교과'라고 규정하고, '일상의 경험과 관련이 있는 상황'을 통해 접근하여 '즐겁게' 학습하는 것은 물론 '과학과 사회의 올바른 상호 관계를 인식'하여 바람직한 민주 시민으로 성장할 수 있도록 하고 있다(교육부, 2015a). 과학과에서의 융복합교육은 과학 지식과 개념 등을 통하여 내용을 통합할 수도 있지만, 과학과의 교과 역량과 관련시켜 접근하는 것이 훨씬 더 의미가 있다. 2015 개정 과학과 교육과정에서 제시된 과학 교과의 핵심 역량은 (1) 과학적 사고력, (2) 과학적 탐구능력, (3) 과학적 문제 해결력, (4) 과학적 의사소통 능력, (5) 과학적 참여와 평생학습 능력의 5가지이다. 각 교과 역량이 의미하는 바와 하위 요소는 다음과 같다.

〈표 2-6〉 과학과 교과 역량과 하위 요소

교과 역량	개념	하위 요소
과학적 사고력	과학적 주장과 증거의 관계를 탐색하는 과정에서 필요한 사고. 과학적 세계관 및 자연관, 과학의 지식과 방법, 과학적인 증거와 이론을 토대로 함.	• 합리적·논리적 추론능력 • 추리과정과 논증에 대해 비판적으로 고찰하는 능력 • 다양하고 독창적인 아이디어 산출 능력
과학적 탐구 능력	과학적 문제 해결을 위해 실험, 조사, 토론 등 다양한 방법으로 증거를 수집, 해석, 평가하여 새로운 과학 지식을 얻거나 의미를 구성해 가는 능력	• 과학 탐구 기능과 지식을 통합하여 적용하고 활용하는 능력 • 과학적 사고력
과학적 문제 해결력	과학적 지식과 과학적 사고를 활용하여 개인적 혹은 공적 문제를 해결하는 능력. 일상생활의 문제를 해결하기 위해 문제와 관련있는 과학적 사실, 원리, 개념 등의 지식을 생각해 내고 활용하며, 다양한 정보와 자료를 수집, 분석, 평가, 선택, 조직하여 가능한 해결 방안을 제시하고 실행하는 능력을 포함함.	• 반성적 사고 능력 • 합리적 의사결정 능력
과학적 의사 소통 능력	과학적 문제 해결 과정과 결과를 공동체 내에서 공유하고 발전시키기 위해 자신의 생각을 주장하고 타인의 생각을 이해하며 조정하는 능력	• 말, 글, 그림, 기호 등 다양한 양식의 의사소통 방법 • 다양한 매체를 통하여 제시되는 과학기술 정보이해 및 표현 능력 • 논증 능력
과학적 참여와 평생 학습 능력	사회에서 공동체의 일원으로 합리적이고 책임 있게 행동하기 위해 과학기술의 사회적 문제에 대한 관심을 가지고 의사결정 과정에 참여하며 새로운 과학기술 환경에 적응하기 위해 스스로 지속적으로 학습해 나가는 능력	

　　융복합교육은 '도구의 상호작용적 사용 역량' '이질 집단 내에서의 상호작용 역량' '자율적 실천 역량'의 함양을 교육목표로 지향한다. '도구의 상호작용적 활용 역량'은 언어, 텍스트 등의 다양한 상징체계와 지식, 개념, 정보, 그리고 공학적 도구를 활용하여 문제 상황에 대한 학습자 자신의 관점을 표현하고 발표하거나 설명하며 새로운 지식이나 개념, 정보를 알게 되고 창의적 결과를 산출하는 역량을 가리킨다. '이질 집단 내에서의 상호작용 역량'이란 타인의 의견과 정서에 대한 공감 능력과 협의 능력, 그리고 이견과 갈등을 조정할 수 있는 능력으로서 문화적으로 다원화되어 가는 세계화 사회 속에서 민주적인 의사결정을 하는 데 핵심적으로 요구되는 역량이다. '자율적 실천 역량'이란 사회 안에서 자신의 위치와 역할을 인식하고 공동체의 지속가능한 발전을 위한 계획을 세우고 실행할 수 있는 역량을 가리킨다.

　　패스트패션 프로그램에서 염색약을 희석해 보는 활동은 다양한 실험 기구를 활용하여 탁도를 측정함으로써 의류생산이 수질오염에 미치는 영향을 과학적 개념과 연계하여 이해할 수 있도록 구성되었다. 실험을 통해 학습자는 더해지는 물의 양에 따라 농도(탁도)가 어떻게 변하는지를 측정하고, 그래프로 표현하는 과정은 과학 교과역량 가운데 '과학적 탐구능력'과 관련성이 깊다. 이 프로그램을 더 확장한다면 옷의 생산과정 전반이 수질오염에 미치는 영향을 과학적 조사 방법을 활용하여 다각도로 탐구하는 방식을 고려할 수 있다. 예를 들어, 옷의 소재가 면인지 합성섬유인지에 따라 생산 공정에서 물의 소비에 얼마나 차이가 있는지를 조사해 볼 수 있으며, 염색약의 종류에 따라 희석에 필요한 물의 양 차이가 얼마나 나는지 실험을 통해 알아볼 수도 있다. 이러한 과학적 탐구를 통해 옷의 생산 및 소비가 수질오염에 미치는 영향을 다각도로 평가해 보는 과정은 결국 과학적 문제 해결력과도 연결된다.

패스트패션 프로그램에서는 옷의 공정단계별로 환경에 미치는 영향을 줄인 제품인 '친환경'적 옷의 여러 사례를 살펴보았다. 어떤 옷이 친환경적이라는 것은 옷의 소재가 천연 소재이거나 친환경 신소재여서일 수도 있고, 재활용에 용이해서일 수도 있다. 이러한 다양한 사례를 통해 학습자는 '친환경'의 의미를 비판적으로 분석해 보고, 환경적 영향을 최소화하기 위해 새로운 과학기술이 도입되는 것을 이해하게 된다. 이 프로그램에서 더 확장된다면 이 사례를 통해 과학기술의 발전이 환경에 미치는 영향이라는 주제에 대해 토론하고, 앞으로 과학기술이 긍정적인 역할을 수행하기 위한 방안을 모색하는 것으로 나아갈 수 있다. 이러한 토론 과정에서 학습자는 여러 사례로부터 얻은 과학적 정보와 지식을 분석하여 자신의 입장에 대한 근거로 삼고, 다른 학습자의 입장을 비판적으로 이해함으로써 합리적인 의사소통 능력을 키울 수 있다. 이는 곧 과학 교과의 과학적 의사소통 능력에 해당된다.

마지막으로 친환경적 옷의 생산과 소비를 위해 새로운 과학기술의 발전이 이루어진다는 점과 이를 통해 다양한 과학기술 분야 전문가 및 직업이 생겨난다는 점은 학습자로 하여금 과학기술을 단지 '지식'으로만 이해하는 것이 아니라 관심과 참여의 대상으로 인식하게끔 유도할 수 있다. 이는 과학적 참여와 평생학습 능력과 연결된다.

2) 과학교과에서의 패스트패션 사례

패스트패션은 현대인의 삶의 패턴과 밀접한 관계를 가지며, 의류의 생산과 소비, 폐기의 방식에도 변화를 가지고 왔다. 과학과에서는 패스트패션을 옷의 공정과정 측면에서 바라보며 관련된 과학개념과 과학기술관련 사회쟁점(SSI)을 프로그램과 연관 지었다.

[사례 1] 유전자 재조합

'면'과 같은 의류 소재를 이용한 활동은 유전자 재조합, 생물의 다양성, 유기농 면 등의 교과서 내용들을 연관시켜 생각해 볼 수 있는 기회를 제공한다. 예를 들어, 패스트패션으로 인한 면섬유 수요의 폭발적인 증가는 원료인 목화 재배 구조에 변화를 일으켰다. 면섬유 생산을 위해 목화 경작지가 증가하였고, 병충해에 약한 목화를 위해 높은 비율의 제초제와 살충제를 사용하게 되었다. 또한 근본적 면 생산량 증대를 위해 유전자 재조합 기술을 활용한 새로운 목화 종을 만들어 냈다. 이와 관련하여 패스트패션 프로그램에서는 원료 생산에 대해 과학기술과 환경의 측면에서 고찰하도록 구성이 가능하다. 유전공학기술과 유전자 조작에 대한 논의는 과학 교과서에서도 많이 다루어지고 있는 과학기술관련 사회쟁점 중 하나이다. GM목화는 유전자 조작 기술을 사용한 대표적인 사례로 학습자의 유전공학기술에 대한 이해를 높일 수 있는 소재이다.

유전자재조합생물(GMO)의 예

• 유전공학 기술은 식량 자원의 양과 질 향상에 어떤 기여를 하였는가?

| 콩 | 옥수수 | 면화 | 유채 |
| 알팔파 | 사탕무 | 감자 | 토마토 |

[사례 2] 생물의 다양성

과학 교과에서는 생물의 다양성이나 과학기술 사례와 관련된 기사를 제시하거나, 기사와 함께 관련된 의견들을 예로 제시하여 학습자의 의견을 글쓰기나 토론으로 표현해 보는 탐구활동들을 제시하기도 한다. 특히 과학 교과서에서 종의 다양성 사례에 대한 기사들을 쉽게 접할 수 있다. 이 프로그램에 포함되는 목화의 재배나 옷의 공정 과정이 환경에 미치는 영향들에 대한 탐구는 반성적 사고와 합리적 의사결정 능력과 더불어 과학적 의사소통 능력을 기를 수 있는 기회로 작용한다. 학습자 스스로의 생각을 확인하고 표현하는 활동은 학습자의 합리적이고 비판적인 과학적 사고력의 향상을 가능하게 하며, 논변활동으로 발전시켜 활용할 수 있다.

다음 신문 기사를 읽고 물음에 대해 생각해 보자.

> 세계 저명한 과학자들은 수천 종의 생물들이 멸종 위기에 처해 있다고 경고하고 있다.
>
> 생물의 다양성 분야의 세계적 과학자 19명은 과학잡지 『네이처』에 기후 변화와 서식지 파괴로 지구의 생물 종이 자연적인 속도보다 100~1,000배 빠른 속도로 멸종하고 있다고 보고했다. 또한 생물 다양성을 보호할 수 있는 정책을 마련해야 하며 국제적인 대책 기구 설립을 촉구했다.
>
> (이하 생략)
>
> 출처: 연합뉴스(2007. 6.).

"중생대 말 공룡의 멸종과 같이 생물의 멸종은 항상 있어 왔던 일이다. 그러므로 크게 위기 의식을 느낄 필요는 없다."

• 이러한 주장에 대한 자기의 생각을 써 보자.

활동 과정에서 추가적으로 '천연섬유인 면의 사용이 과연 친환경적인가?' '과학기술이 생활에 어떻게 이용되는가?' '산업화와 기술화에서 고려해야 할 부분은 무엇인가?' '생물의 다양성이란 무엇이며 왜 보존되어야 하는가?' 등의 질문을 학습자에게 제시할 수 있다. 이러한 탐구활동은 현재 과학기술의 활용에 대한 반성적 사고능력과 어떤 원료로 만든 옷을 선택하는 등 합리적 의사결정의 기반이 될 수 있다.

[사례 3] 수질 오염

옷이 생산되기까지는 다양한 공정 과정이 필요하다. 그중 염색과 폐수 처리과정은 과학 교과서에 담겨 있는 수질오염이나 정수 과정과 함께 살펴볼 수 있다. 산업폐수를 무단 방류하거나, 사고나 재해와 관련하여 수질오염이 일어나는 예시들은 교과서뿐 아니라 신문 기사를 통해서도 자주 접하고 있다. 프로그램에서는 이를 일상생활의 맥락과 관련 지어 생각하였다. 활동 과정에서 '옷의 공정 과정 단계 별로 환경에 미칠 수 있는 영향 찾아보기' '우리 주변에서 접할 수 있는 수질오염 사례' '공정 과정 중 환경에 영향을 덜 미치는 방법 조사' 등에 대한 탐구를 수행할 수 있다.

다음 자료는 어느 신문기사의 일부를 나타낸 것이다.

서울 도심지에 있는 염색공단에서 조직적으로 폐수를 방류해 온 염색업체와 폐수처리대행업체, 이를 눈감아 준 단속공무원 등이 무더기로 재판에 넘겨졌다.

서울중앙지검 형사5부(부장 차맹기)는 수년간 조직적으로 폐수를 불법 방류해 온 혐의(수질 및 수생태계보전법 위반) 등으로 폐수처리 대행업체 현장소장 ㅈ모씨(65) 등 대행업체 관계자 2명과 염색업체 업주 ㅇ모씨(54) 등 총 5명을 구속기소했다고 30일 밝혔다. (중략) 검찰에 따르면 서울 종로구와 중구에 밀집되어 있는 60여 개 염색업체 대부분이 농축조, 탈수기 등 필수 폐수처리시설조차 구비하지 않은 채 시설투자를 방기하고 있는 것으로 조사됐다. 검찰은 이들 중 지난 2010년초부터 올 6월까지 적게는 수십 톤에서 많게는 수천 톤의 폐수를 흘려보낸 20여 개 염색업체와 이들의 폐수처리과정을 도와준 대행업체 1곳을 적발해 냈다. (중략) 검찰 조사결과 이들 업체는 평소 처리비용 절감을 위해 대부분 형식적인 처리과정만 거쳐 왔으며, 처리약품을 투입한 경우에도 오염물질이 침전·분리되기 전 폐수를 불법 방류해 온 것으로 밝혀졌다. (이하 생략)

출처: 뉴스토마토 기사(http://www.newstomato.com/ReadNews.aspx?no=
319813).

• 우리 고장에서 비슷한 재난이 일어날 수 있는 상황을 상상해 보고, 피
  해를 막기 위해 할 수 있는 일들에 대하여 토의해 보자.

또한 과학기술의 발달은 새로운 소재를 일상생활에 적용할
수 있게 한다. 대량생산, 대량소비, 대량폐기로 이루어지는
패스트패션 산업에서, 교과서에서 제시한 플라스틱의 재활용 탐구
예시는 환경에 부담을 덜어 주는 개척로로 활용될 수 있다. 더불어
프로그램 활용 시 '생산, 소비, 폐기와 관련된 과학기술 사례 탐구'
등을 통해 과학기술 응용 사례들을 탐구해 보는 활동을 추가할 수
있다.

3) 융복합교육을 준비하는 과학 선생님께

융복합교육에 있어 과학은 포함될 수밖에 없는 영역이다. 어떤
주제를 택하든 실제 세계의 복잡한 쟁점 속에 자연 현상 또는 인간
의 활동과 관련된 과학적 지식과 탐구는 기본이 될 수밖에 없기 때
문이다. 융복합교육에서 과학은 과학적 개념, 지식, 원리 등을 통

한 내용적 요소로서 크게 기여할 수 있다. 또한 패스트패션의 예에
서 보는 것처럼 과학적 개념이나 지식 등을 구체적으로 다루지 않
는다고 하더라도 관련된 과학적 내용을 포함할 수 있다. 따라서 융
복합교육을 준비하는 과정에서 과학이 어떻게 관련될 수 있는지는
다양하게 탐색할 필요가 있다.

먼저 융복합교육의 대상과 관련하여 과학의 내용적 요소가 어떻
게 관련되는지 찾아보자. 만일 전술한 바와 같이 패스트패션과 같
은 주제 또는 소재에서는 옷감을 만드는 재료의 특성과 실을 만들
고, 천을 짜고, 염색을 하는 과정 모두가 과학과 관련될 수 있다. 옷
감의 재료는 목화와 같은 식물, 누에와 같은 동물은 교과서에 등장
하는 식물이나 동물의 한 살이 또는 생물다양성 등과 긴밀히 연계
된다. 패스트패션이나 최근 많이 옷을 만드는 재료로 사용되는 석
유와 같은 화학물질을 재료로 하는 경우, 나노기술을 패션에 도입
한 경우, 웨어러블 컴퓨터처럼 첨단 과학기술의 발달을 반영하고
있는 경우에는 신소재뿐만 아니라 과거의 동식물, 에너지, 환경오
염, 기후변화 등과 같은 내용들과도 관련될 수 있다. 이들 모두 과
학적 탐구의 대상이다.

옷감을 만드는 재료로부터 특정 옷감을 만드는 과정, 염색하는
과정, 사용 후 분해되는 과정 등에도 주목할 수 있다. 각각의 과정
모두 흥미로운 탐구 거리를 제공한다. 얼레를 만들고 누에 등에서
실을 뽑는 과정 등은 학습자와 손쉽게 해 볼 수 있는 과정이며, 치
자열매, 황토 등 다양한 자연물을 이용한 염색은 어른들도 재미있

는 과정이다. 염색이 되는 원리에 대한 탐색은 좀 더 도전적인 과제가 될 것이며, 염색의 과정이나 사용된 후 분해되는 과정에 대한 탐구는 많은 고민을 유발하게 될 것이다.

또한 옷은 문화적 측면이나 사회적 측면과 긴밀히 관련될 수 있다. 전통적으로 한국, 중국, 일본은 문화를 공유하면서 옷감과 관련된 비슷한 재료와 비슷한 문화를 발달시켰다. 이를 비교하는 것도 흥미로운 일이다. 전통적으로 사용되었던 옷감의 종류와 재료, 사용된 복식의 차이 등은 또 다른 측면의 탐구를 유발할 수 있을 것이다. 또한 과거로부터 현재에 이르기까지 옷의 재료는 물론 발전 과정을 탐색할 수도 있다.

옷을 둘러싼 사회적 쟁점도 탐색이 가능하다. 패스트패션을 만드는 과정에서의 아동 노동에 대한 문제 제기는 물론, 옷을 둘러싼 형평성에 관한 문제도 제기될 수 있다. 최근 옷을 입는 것만으로도 공기가 정화가 되는 옷감도 개발되고 있다. 그러나 이들 옷감의 재료는 캐나다에서, 환경오염이 많이 발생하는 가공 과정은 남미에서 수행되며 소비는 북미와 유럽 등에서 이루어지고 있다. 따라서 과학적 내용이나 과정뿐만 아니라 특정 산물이 생산되고 소비되는 과정에도 주목할 수 있다.

패스트패션과 같은 옷와 관련된 다양한 쟁점은 다른 산물에도 유사하게 적용될 수 있다. 재료를 탐색하고 과정을 탐색하고, 사용 후 폐기되는 과정을 고찰하고, 관련된 문화와 역사를 탐색하고, 개인과 사회, 나아가 지구적인 맥락에서의 관련성과 쟁점을 탐구할 수 있다. 이 과정에서 과학적 사고력, 과학적 탐구능력, 과학적 의사소통 능력, 과학적 문제 해결력, 참여와 평생학습 능력은 곳곳에 적용되고 신장될 수 있을 것이다.

6. 패스트패션 프로그램과 미술

1) 패스트패션과 미술

패스트패션 프로그램은 자신과 주변 환경의 관계 탐색, 다양한 교과 지식의 연결을 통한 창의적 문제 해결, 천연 염색 등 자연친화적 방법을 활용한 대안의 모색 등 다양한 측면에서 미술교과의 내용과 관련되어 있다. 이와 같은 제재는 미술을 통하여 인간과 자연, 전통과 현대의 관점에서 소비사회를 성찰하고 생활양식과 밀접한 관련을 가지고 발전해 온 미술의 특성을 이해하도록 하는 데 중점을 둔다. 패스트패션 프로그램을 통해서 이진 경험의 테두리를 넘어선 새롭고 창의적인 문제 해결에 적극적으로 참여하는 태도를 형성할 수 있을 것이다. 따라서 패스트패션 프로그램은 2015 개정 미술과 교육과정에 제시된 교과역량을 개발하기 위한 단원으로 적절하게 활용될 수 있다.

2015 개정 교육과정에서는 핵심 역량 함양을 중요한 과제로 제시하고 있다. 다양한 지식의 연결을 통하여 학습자의 창의적 · 주도적 사고 능력 개발을 목표로 하는 융복합교육은 여러 측면에서 국가 교육과정 개정과 방향을 같이하고 있다. 특히 패스트패션 프로그램은 학습자의 삶과 밀접하게 관련되어 있는 '패션'이라는 주제로 시작하여, 여러 교과의 지식을 활용하여 이와 관련된 사회 · 경제적 의미를 이해하고 창의적인 문제 해결 방안을 모색하는 과정에 참여하도록 한다는 점에서 핵심역량을 개발하는 데에 적합하

다. 특히 의복을 중심으로 한 제재는 미술교과 안에서 일상생활, 시각문화, 디자인, 공예 등 다양한 단원의 내용 요소와 연관되어 있으므로 미술 교과 내 통합적인 접근을 추구함과 동시에 다른 교과의 개념과 연결하여 미술의 내용을 확장할 수 있는 주제이다. 따라서 패스트패션 프로그램 안에 녹여 낼 수 있는 교과역량을 명료화하는 것은 전체 프로그램 안에서 미술교육이 추구해야 할 본질적인 가치를 확인하는 것일 뿐만 아니라 다른 교과와 자연스럽게 융합될 수 있는 지점을 발견하는 방법이 될 수 있다.

창의 · 융합형 인재 양성을 위해 핵심 역량이 국가 교육과정 개정의 주요 쟁점으로 제시됨에 따라 2015 개정 미술과 교육과정에서는 총론의 핵심역량 요소와 의미를 고려하되, 교과의 특성을 반영하여 미술 교과역량을 제시하였다. 미술 교과역량은 (1) 미적 감수성, (2) 시각적 소통능력, (3) 창의 · 융합 능력, (4) 미술 문화 이해 능력, (5) 자기주도적 미술학습 능력의 5가지이다. 각 교과역량이 의미하는 바와 하위 요소는 다음과 같다.

〈표 2-7〉 미술과 교과 역량과 하위 요소

교과 역량	의미	하위 요소*
미적 감수성	다양한 대상 및 현상에 대한 지각을 통해 자신의 느낌과 생각을 이해하고 표현하며 미적 경험에 반응하면서 미적 가치를 느끼고 내면화할 수 있는 능력	미적 지각 미적 반응 직관 · 감정 표현 자기 이해 자아 정체성 미적 가치 내면화 등
시각적 소통능력	변화하는 시각 문화 속에서 이미지와 정보, 시각 매체를 이해하고 비판적으로 해석하며, 이를 활용한 미술 활동을 통해 소통할 수 있는 능력	시각화 능력 시각적 문해력 비판적 사고력 의사소통 능력 등

창의 · 융합 능력	자신의 느낌과 생각을 다양한 매체를 활용하여 창의적으로 표현하고 미술 활동 과정에 타 분야의 지식, 기술, 경험 등을 연계, 융합하여 새로운 가능성을 발견할 수 있는 능력	상상력 창의적 사고 능력 창의적 표현 능력 연계 · 융합 능력 매체 활용 능력 문제 해결 능력 등
미술 문화 이해 능력	우리 미술 문화에 대한 이해를 바탕으로 정체성을 확립하고, 유연하고 개방적인 태도로 세계 미술 문화의 다원적 가치를 이해하고 존중하며 공동체의 발전에 참여할 수 있는 능력	미술 문화 정체성 문화적 감수성 다원적 가치 존중 공동체 의식 세계 시민 의식 등
자기 주도적 미술 학습 능력	'자기 주도적 미술 학습 능력'은 미술 활동에 자발적이고 주도적으로 참여하면서 자기를 계발 · 성찰하며, 그 과정에서 타인의 생각과 느낌을 이해하고 존중 · 배려하며 협력할 수 있는 능력	자율성 자기 계발 진로 개발 능력 자기 성찰 공감, 존중, 배려, 협력 등

* 한국교육과정평가원(2015). 미술과 교육과정 시안 개발 연구. p. 34 참조.

　미술교과 역량 가운데에서도 패스트패션 프로그램을 통해 개발할 수 있는 역량 요소의 구체적인 내용을 천연 염색 활동을 중심으로 살펴보면 '미적 감수성' '창의 · 융합 능력' '자기주도적 미술 학습 능력'과 보다 밀접하게 연관되어 있음을 알 수 있다. 패스트패션 프로그램의 맥락 안에서 미술교과 역량과 천연 염색 활동의 관련성에 대한 다음의 설명은 기존에 다루어 왔던 미술교과의 내용이 교과 역량의 관점에서 새롭게 재구성됨에 따라 확장된 의미를 가질 수 있음을 보여 준다. 즉, 융복합교육의 접근을 통하여 교과 역량을 개발할 수 있는 유용한 방법을 찾을 수 있으며, 이는 미술과의 전통적인 내용 체계 안에서도 다른 교과와의 연결을 통해 역량 중심의 수업이 개발될 수 있을 것이다.

(1) 미적 감수성

패스트패션 프로그램 안에서 천연 염색 활동은 단순히 염색의 기법, 재료, 용구 등을 이해하는 것을 넘어서 인간과 자연의 관계를 탐색하고 친환경적인 생활 방식을 모색하는 하나의 방법으로서 다루어진다. 따라서 일반적으로 표현 영역에서 다루어지는 천연 염색의 특징을 체험 영역과 적극적으로 연계하여 지도하는 것이 효과적이다. 즉, 일회적인 천연 염색 체험에 머무르는 것이 아니라, 염색 활동의 의미와 가치를 학습자와 공유하고 주변 환경을 새로운 눈으로 탐색하는 가운데 인간과 자연의 조화를 추구하는 인식과 태도를 형성하는 데까지 학습 목표를 설정할 수 있어야 한다. 이를 통해 전체 프로그램에서 목표로 하는 사회적 문제 해결을 위한 실천적 지식을 습득할 수 있는 기초를 마련할 수 있다.

천연 염색 활동에서 미적 감수성은 수업의 도입과 마무리 단계에서 강조될 수 있다. 도입 단계에서는 미적으로 주변을 지각하고 반응하는 과정을 통해서 천연 염색, 그리고 인간의 삶 속에 자리 잡은 자연의 모습을 인식할 수 있도록 한다. 또한 마무리 단계에서는 직접 염색 활동을 하면서 생각하고 느낀 점을 내면화하고 이를 통해 적극적으로 자연과 조화를 이루는 인간의 삶을 모색해 볼 수 있도록 한다. 이는 미적 감수성의 하위 역량 요소인 미적 지각, 미적 반응, 미적 가치 내면화가 천연 염색 활동 전반에서 다루어질 수 있음을 보여 준다. 천연 염색 활동을 통한 미적 감수성의 형성은 사회적 문제 해결에 미적인 태도가 수반될 수 있으며, 더 나아가 창의적 대안을 모색하는 데 필수적임을 깨닫도록 한다. 미적 감수성은 결국 자신과 외부 세계와의 질서와 조화를 추구하는 것이며, 현상을 이해하고 참여하는 방식에 있어서도 미적인 판단에 기초하기 때문이다.

(2) 창의 · 융합 능력

천연 염색 활동은 염색이라는 새로운 매체에 대한 학습이라 할 수 있다. 과학기술의 발달과 함께 기계화된 대부분의 생산 과정은 다양한 매체를 직접 활용하여 생산하고 표현하며 소통하였던 인간 능력을 일정 부분 상실하는 결과로 이어졌다. 물론 기술 기반의 새로운 매체 사용 능력이 확장되었다고 하더라도 가장 기본적인 물질을 다루는 기회는 점점 사라지고 있다. 이러한 측면에서 천연 염색 활동은 가장 전통적인 미술 활동이지만 현대를 살아가는 학습자에게는 새롭고 도전적인 경험이 될 수 있다.

천연 염색 활동을 통한 미술교과 역량 개발은 매체활용능력, 창의적 사고 능력, 문제 해결능력, 연계 · 융합능력의 4가지 세부 역량을 통해서 이루어질 수 있다. 특히 패스트패션 프로그램에서는 염색 활동이 의류의 생산 공정, 과학의 희석 작용, 더 나아가 친환경적인 생산과 소비로 연결되면서, 다양한 교과에서 학습한 내용을 체험적으로 이해하고 내면화할 수 있도록 한다. 즉, 패스트패션이 가지는 환경 문제에 대한 해결방안을 학습자 스스로 모색하고자 할 때에 다양한 염색 기법부터 천연 염색이 가지는 의미에 이르기까지 여러 차원에서 천연 염색을 통해 생각하고 느낀 점을 활용할 수 있는 것이다.

(3) 자기주도적 미술 학습 능력

융복합 프로그램에서 미술 교과가 기여할 수 있는 바는 여러 측면에서 논의할 수 있지만, 학습자를 교수학습 활동의 중심으로 옮겨 놓는다는 점에서 그 의미를 찾아볼 수 있다. 천연 염색 활동에서도 학습자가 직접 움직이고, 생각하고, 표현하는 과정이 수업의 중요한 부분이 된다. 자기주도적 미술 학습 능력의 의미는 미술 활동을 통해서 학습자가 스스로 계획하고, 실행하고, 평가하는 역할을 수행하면서 타인을 배려하고 협력할 수 있는 능력을 의미한다. 특히 미술 활동은 학습자가 직접 움직이고 촉각적으로 경험하는 가운데 학습 개념을 인지적으로 습득하는 것을 넘어서 학습 내용이 가지는 느낌과 의미를 발견하도록 한다는 점에서 실천적 지식을 형성하는 데 중요한 도구가 된다.

패스트패션 프로그램에서 천연 염색 활동은 학습자가 자율성과 협력의 자기주도 능력을 개발할 수 있는 기회를 제공한다. 흰 천, 물, 염료 등의 물질로부터 시작하여 쓸모 있는 무엇인가를 창작해 나가면서 학습자는 단지 염색에 대하여 알게 되는 것이 아니라, 지식과 기술을 적용하고 그 효과를 평가하며 필요시 수정·보완하여 마무리하는 일련의 과정을 진행하게 된다. 결과적으로는 이러한 과정 자체뿐만 아니라 자신만의 창작물을 도출하고 그 과정을 되돌아볼 때 만족감과 성취감을 경험할 수 있도록 한다. 이러한 성공과 만족의 경험은 더 큰 인지적, 사회적 문제 해결에 참여할 수 있는 기반이 될 수 있다.

2) 미술교과에서의 패스트패션 사례

패스트패션이라는 주제는 학습자의 일상생활과 밀접한 관련성을 갖는다. '패션'이라는 제재는 의복이라는 일상적인 대상이 어떻게 사회 전체의 중요한 이슈가 될 수 있는가를 생각하도록 한다. 즉, 개인과 사회를 연결 지어 생각하고 그 안에서 자신의 역할과 책임을 발견하도록 하는 데 유용한다. 특히 미술의 사회참여적 역할이 강조되고 있는 현 시점에서는 생활 속 미술로서의 의복이 학습자로 하여금 사회 참여라는 다소 무겁게 느껴질 수 있는 학습 요소에 보다 친숙하게 접근할 수 있도록 한다. 또한 학습 주제 가운데 '패스트'의 요소는 우리의 삶의 태도와 가치를 되돌아보도록 하는 데 유용하다. 학습자가 빠르고 많은 물질을 추구하는 자본주의 물질 사회에 살고 있음을 체감할 수 있도록 하기 때문이다. 개개인의 작은 행동 하나하나가 모일 때 집합적인 힘이 되어 지구 다른 편에 살고 있는 아동의 권리와 세계 환경을 위협할 수 있다는 사실을 알게 되는 것은 세상을 다른 시각에서 바라보도록 할 뿐만 아니라 자신의 행동에 대한 성찰적 태도를 갖도록 한다.

앞과 같은 패스트패션 프로그램의 주제를 2015 개정 미술과 교육과정 내용 체계와 연계시킴으로써 기존 미술교육의 내용 혹은 교과서의 제재를 중심으로 융복합적인 단원으로 발전시킬 수 있다. 다시 말해, 교육과정과는 별도의 새로운 학습 내용으로서 패스트패션을 다루는 것이 아니라, 이제까지 친숙하게 지도하였던 단원의 의미와 방향을 전환함으로써 그 안에서 융복합적 사고와 창의적 문제 해결력을 기를 수 있는 것이다. 패스트패션 프로그램이

미술과 교육과정과 갖는 관련성은 크게 3가지 내용 요소를 중심으로 찾아볼 수 있다. 첫째, 패스트패션 프로그램은 체험 영역의 '지각'의 핵심 개념 가운데 중학교의 '자신과 환경' 내용 요소와 관련성을 갖는다. 패스트패션 프로그램이 인간과 자연의 관계 속에서 의복이라는 일상생활을 통해 탐구할 수 있는 환경 문제를 조명하고 있기 때문이다. 이에 해당하는 성취 기준을 살펴보면, '자신과 주변 대상, 환경, 현상의 관계를 탐색하여 나타낼 수 있다.'로 제시되어 있다. 따라서 현대 사회의 소비문제, 다국적 기업과 노동문제, 물 부족과 환경 문제 등 학습자가 살아가고 있는 동시대의 다양한 사회경제적 문제들을 학습하는 패스트패션 프로그램은 미술과의 성취 기준에 도달할 수 있는 통합적인 내용을 다루고 있다.

2009 개정 교육과정에 따른 미술과 교과서에서는 지각 단원에서 사회적 관계 속에서 자신의 역할을 발견하고, 인간과 자연의 조화를 이룰 수 있는 방안을 모색하는 단원들이 제시되어 있다. 예를 들어, 김선아 외(2012)에서는 자연과 함께하는 생활을 위한 생태적 환경의 특징을 '공존' '순환' '지속가능성'으로 제시하고 학습자가 주거환경을 바꾸어 생활 속에서 자연을 가깝게 느끼고 자연과 함께 호흡할 수 있는 창의적인 방안을 모색하는 학습 활동을 제안하고 있다. 이는 패스트패션 프로그램에서는 주거환경의 맥락을 의복 생활로 번안하여 '공존' '순환' '지속가능성'의 개념을 적용한 의류를 창의적으로 디자인하고 일상생활을 변화시킬 수 있는 구체적인 방안을 상상하고 시각화하는 활동으로 확장할 수 있다.

둘째, 패스트패션 프로그램은 체험영역의 '연결'의 핵심 개념 가운데 중학교의 '미술과 다양한 분야' 내용 요소와 표현영역의 '발상'

핵심 개념 가운데 중학교의 '주제와 의도' 내용 요소를 통합하여 창의적인 문제 해결을 위한 제재로 발전시킬 수 있다. 2015 개정 미술과 교육과정에서 새롭게 등장한 '연결'의 핵심 개념에서는 창의적인 문제 해결을 위한 타 분야의 융합 방안의 모색을 강조하고 있다. 또한 표현 영역에서 '발상'을 강조하면서 주제를 다양한 방식으로 탐색, 상상, 구상할 수 있는 능력을 개발하도록 안내하고 있다. 따라서 패스트패션 프로그램을 통하여 소비중심 물질문화를 극복하고 환경친화적이며 미래 세대를 고려한 삶의 방식을 구현하는 창의적인 방안을 다양한 교과 개념을 활용하여 미술, 디자인 활동의 주제로 발전시킬 수 있는 미술과의 단원을 개발할 수 있다.

대부분의 미술 교과서에서 다루는 디자인의 개념은 디자인이 산업화, 대량 생산에 따른 생활양식의 변화에 대응하면서 발전하였을 뿐만 아니라 이에 대한 반성과 새로운 모색의 과정임을 설명하고 있다. 예를 들어, 김선아 외(2012)에서는 디자인의 시작에 대하여 다음과 같이 설명하고 있다.

> 공장에서 대량 생산되기 전 생활용품은 장인들이 만든 공예품이 대부분이었으나, 산업 혁명 이후 생산 방식과 생활양식이 변화함에 따라 짧은 시간에 많은 제품을 만드는 대량 생산이 이루어졌다. 그러나 대량 생산된 제품들은 생산성, 경제성, 기능성을 강조하여 몰개성적인 제품이라는 비판을 받게 되었고, 생산성을 바탕으로 하여 기술적인 면과 예술적인 면을 동시에 고려해야 할 필요성을 느꼈다. (김선아 외, 2012, p. 150, 160)

앞의 지문에서 볼 수 있는 바와 같이 디자인 단원을 통하여 패스

트패션에서 다루는 물질문명, 산업화, 노동, 소비 사회 등의 주제를
간학문적으로 다룰 수 있다. 이러한 디자인의 개념과 함께 디자인
단원에서는 상위 20%가 아닌 80%의 사용자를 위한, 즉 사용자의
다양성과 환경을 고려한 디자인의 가치를 설명하면서 생활의 변화
를 이끄는 디자인의 사회적 역할을 강조하고 있다. 같은 교과서에
서는 사회적 가치를 지닌 디자인에 관하여 다음과 같은 지문이 제
시되어 있다.

> 오늘날 사회는 디자이너에게 사회적 역할과 참여를 요구한다. 대량 생산
> 과 소비로 환경을 오염시키는 디자인 상품에 대한 반성으로 '그린 디자인'이
> 등장하였다. 또한 모두를 위한 디자인의 개념으로 사회적 약자를 배려하는
> 유니버설 디자인이 있다. (김선아 외, 2012, p. 150, p. 160)

패스트패션 프로그램은 이러한 사회적 디자인의 개념을 사회ㆍ
경제ㆍ문화ㆍ과학적 측면에서 심화하고 창의적 문제 해결의 필요
성을 보다 구체적이고 실증적인 자료를 통하여 학습자가 체감하고
이해하도록 지도하는 데 유용하다.

그린 디자인, 에코 디자인의 개념을 다루고 있으며, 목적과 기능
에 따른 의상디자인과 관련한 단원을 포함하고 있다.

디자인 단원 이외에도 미술 교과서에서는 여러 단원에서 버려진
물건을 미술의 재료로 활용하여 작품을 제작하는 정크아트 등의
미술 활동과 도판을 소개하고 있다. 예를 들어, 미술 교과서에 자주
실리는 최소영 작가의 작품은 헌 옷 수거함에서 찾은 청바지를 오
리고, 탈색하고, 다시 꿰매어 현실감 있는 풍경을 재현하고 있다.

이와 같은 예시는 미술이 가시적인 문제 해결을 위한 직접적인 방안은 아니더라도 버려지는 것에 대한 새로운 시각을 탐색하고 삶에 대한 흥미로운 상상을 자극할 수 있음을 보여 준다. 패스트패션 프로그램에서 미술교과는 빠른 소비를 중심으로 야기되는 다양한 사회 문제에 대한 해결 방안을 모색함에 있어 새로운 발상과 연결을 촉진할 수 있을 것이다.

셋째, 패스트패션 프로그램은 표현영역의 핵심 개념 가운데 하나인 '제작' 활동이 중학교의 '표현 매체' 내용 요소와 관련성을 가질 수 있다. '표현 매체'에 관한 성취 기준은 '표현 재료와 용구, 방법의 특징을 이해하고 표현 과정을 점검할 수 있다.'와 '표현 매체의 특징을 알고 다양한 표현 효과를 탐색할 수 있다.'로 제시되어 있다. 이에 미술교과서에서는 평면매체, 입체매체, 판화, 염색, 공예 등 다양한 표현 매체의 특징과 이의 활용을 위한 방법과 기술을 상세하게 다루고 있다.

여러 표현 매체 가운데 패스트패션 프로그램에서는 천연 염색과 관련한 단원과 직접적인 관련성을 가진다. 사회과의 옷의 공정 과정에서 섬유의 종류, 염색, 디자인 등의 내용이 다루어지며, 과학과에서는 천연 염색과 인공 염색이 환경에 미치는 영향에 대하여 탐구하게 된다. 이와 관련하여 직접 천연 염색을 하면서 그 과정에서 물의 사용과 희석 등을 이해한다면 학습자에게 보다 경험적인 지식을 형성하는 데 유용하다. 특히 화학 염료에 비해 따뜻한 색감과 친근한 느낌을 주는 천연 염료에 대한 상세한 설명들을 통해 학습자에게 일상생활 속 자연물이 어떻게 생활용품의 재료로 활용될 수 있는지를 보여 준다. 이와 같은 예시를 통하여 학습자는 자연을 활용하고 자연에 기반한 생활방식에 대한 감각을 되살리고 기계화, 산업화에 대응하는 새로운 삶의 방식을 상상해 볼 수 있을 것이다.

[그림 2-2] 천연 염색 활동 사례

천연 염색의 표현 특징과 방법을 이해하는 데 반드시 다른 교과와의 연계가 요구되는 것은 아닐 것이다. 하지만 현대사회의 소비문화와 의복이라는 맥락 속에서 천연 염색을 다룬다면 염색 과정을 학습하는 이유와 동기를 제공함으로써 학습개념이 삶과 관련성을 가지도록 하는 데에 용이하다. 또한 전통적인 천연 염색의 방법을 현대의 인공 염색과 비교하면서 과거의 생활양식을 통하여 현재를 성찰하고 대안적인 삶의 방식을 모색하도록 하는 안목을 제공할 수 있다. 또한 천연 염색에 있어 과학적인 개념을 접목시킴으로써 염색 과정에 대한 이해를 높일 수 있다.

3) 융복합교육을 준비하는 미술 선생님께

융복합교육에서 미술은 여러 교과의 지식과 개념을 연결하고 시각화하는 유용한 도구로 활용될 수 있다는 점에서 그 의미를 찾을 수 있다. 에플랜드(Efland, 2006, p. 274)는 "미술이 지혜롭게 사용된다면, 다른 영역의 지식들을 연계하는 중추적인 역할을 담당할 수

있다."고 역설한 바 있다. 미술교육의 역사 속에서 미술이 인간의
성장에 기여하는 정서적 · 심리적 · 인지적 · 사회적 측면에 대한
다양한 논의가 진행되어 왔다. 융복합교육은 이러한 인간발달에 미
술이 기여하는 바를 어느 하나의 요소가 아닌 인지 · 정서 · 감각을
통합적으로 사용하여 경험하도록 하고 지식에 의미를 부여하여 사
회 변화에 참여할 수 있는 태도를 형성한다는 측면에서 미술의 보
편적 가치를 강조한다. 예를 들어, 패스트패션 프로그램 안에서 살
펴보면 의복 생활과 소비문화라는 주변 세계의 문제를 지각하고 이
에 대한 자신의 '느낌'과 입장을 갖도록 하며, 새로운 시각에서 사회
적 문제를 탐구하여 창의적인 대안을 모색할 뿐만 아니라 이를 공
유할 수 있도록 구체화, 시각화하는 데 미술의 내용이 다양한 형태
로 활용된다.

  융복합교육은 미술과 삶의 관련성을 회복하고 다양한 개념의 연
결망 속에서 새롭게 미술 경험의 의미를 조명할 수 있는 계기가 될
수 있다. 또한 융복합교육을 위한 다양한 프로그램을 개발하는 가운
데 미술을 통해 무엇을 알고, 할 수 있는가를 보다 명확하게 제시할
수 있는 실제적인 맥락을 발견할 수 있으며 다양한 교과 간의 연결
속에서 미술이 삶의 문제 해결을 위한 유용한 도구임을 확인할 수
있는 내용 요소들이 도출될 수 있다. 미술 선생님의 입장에서 융복
합교육을 준비하는 과정은 미술과 타교과, 학습과 삶의 관계를 적극
적으로 관계 지어 보면서 미술을 가르치는 일에 대한 즐거움을 회복
하는 기회가 될 수 있다. 이를 통해 급변하는 지식정보화 사회에서
미술이 학습자 개개인과 미래 사회에 어떻게 긍정적으로 개입하고
변화를 가져올 수 있는지에 대한 새로운 기대를 갖게 될 것이다.

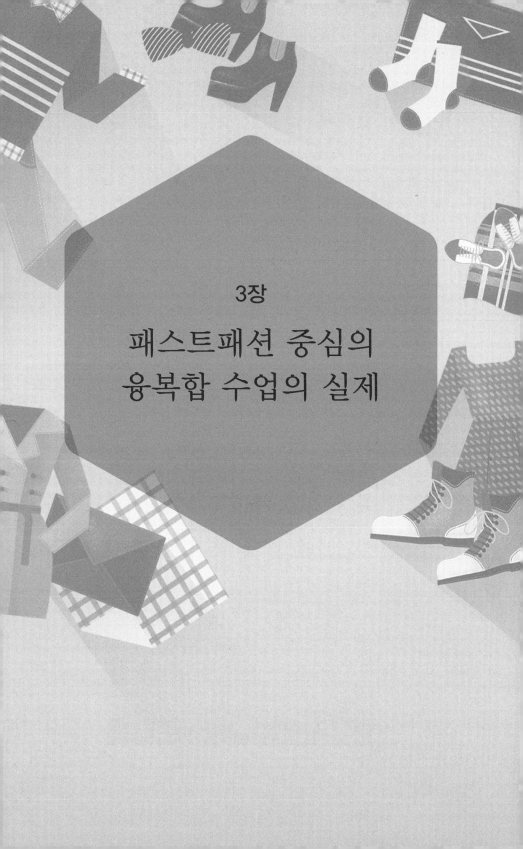

3장

패스트패션 중심의
융복합 수업의 실제

이 장은 앞서 제시한 마인드맵과 교육과정 분석 결과를 바탕으로 구성한 수업 계획의 예시이다. 이 수업은 융복합교육이 지향하는 능동성, 가교성, 맥락성, 다양성의 원리를 바탕으로 하는 수업으로서 '문제 인식 → 문제 분석 → 문제 해결'의 3단계를 거치는 문제 해결 과정으로 설계되었다.

문제 인식 단계에서 학습자는 가상 쇼핑 활동과 자기 자신 또는 가족의 의류 소비에 관한 자료를 수집하여 소비 패턴을 분석하는 활동을 통해 패스트패션이 우리 주변에서 진행되고 있는 실세계 현상임을 인식한다. 그리고 패스트패션에 관한 보도 자료 검색을 통해 패스트패션 맥락에서 등장하는 다양한 쟁점을 찾아 그 결과를 토대로 마인드맵을 작성하면서 패스트패션 맥락에서 해결해야 할 문제들을 중심으로 프로세스폴리오 계획을 세운다.

문제 분석 단계는 앞서 문제 인식 단계에서 찾아낸 쟁점과 문제에 대하여 자료를 수집하고 분석하는 활동으로 이루어져 있다. 5~10차시에서는 패스트패션의 주요 쟁점인 환경문제와 관련된 활동을 한다. 예를 들어, 자신의 주변에서 찾아볼 수 있는 의류가 어떤 섬유로 만들어졌는지 알아보고 각 섬유가 의류에 사용될 때의 장점과 단점을 조사해 보고, 염색 활동과 희석 활동을 통해 의류 생산에 소비되는 물의 양을 조사하고 옷을 만들 때 사용하는 재료가 환경에 주는 영향을 생각해 보는 활동이 포함된다.

11~12차시에서는 앞서 문제 인식 단계에서 만들었던 마인드맵을 참고하여 패스트패션이 사회에 주는 영향을 학습자가 직접 조사하여 발표한다. 이때 사진 담당 기자, 면담·취재 담당 기자, 인

터넷 담당 기자 등으로 역할분담을 하여 학습자가 다양한 자료를 통해 문제를 분석할 수 있도록 하고, 조사 결과의 핵심 내용을 다양한 방식으로 정리하여 발표하도록 한다. 앞서 언급한 환경문제와 더불어 노동문제 또한 패스트패션의 주요한 쟁점 중 하나인데, 13차시에서는 패스트패션 생산 노동자 임금 수준의 적합성을 조사함으로써 합리적 임금에 대해 학습한다. 14차시에서는 과도한 소비를 조장하는 다양한 매체를 비판적으로 이해하도록 하였으며, 15~16차시에서는 이제까지 진행한 패스트패션과 관련한 활동 및 성찰 결과를 신문 만들기 활동을 통해 정리하도록 하였다.

이러한 능동적 탐구 활동을 통해 학습자는 패스트패션이 많은 자원의 소비를 필요로 한다는 점과 그 결과 초래되는 환경, 노동, 소비 문세의 심각성을 이해하고 해결 방안의 탐색이 필요하다는 것을 인식하게 된다. 이러한 인식을 바탕으로 마지막 단계인 문제 해결 단계에서는 글쓰기 및 동영상 제작 활동을 통해 앞서 조사·분석한 내용을 바탕으로 문제 해결 방안을 정리한다. 그리고 그 결과를 효과적으로 지역공동체 및 사회에 전달할 수 있는 방법을 찾아보도록 한다. 이를 통해 학습 경험이 단순히 지식을 획득하는 것에 멈추지 않고 개인과 더불어 공동체의 공존과 공영을 위한 지속 발전가능한 삶의 방식을 제안함으로써 변화를 위한 공동체적 노력을 실천할 수 있는 역량을 기를 수 있을 것이라 기대한다.

〈표 3-1〉 패스트패션 프로그램의 구성

단계	내용	차시	중점 교과
문제 인식	• 패스트패션을 실세계 문제 상황으로 인식하기 • 다양한 관점에서 소비 패턴 분석하기	1~2	〈수학〉
	• 패스트패션 관련 자료를 탐색하고 마인드맵 작성하기	3~4	전 교과
문제 분석	• 옷의 소재와 성분 조사하기 • 옷이 생산되는 공정 과정 조사하기 • 패스트패션이 환경에 미치는 영향 탐색하기	5~6	〈과학〉 〈수학〉
	• 물 정화 실험 결과를 분석하고 수질오염과의 관계를 설명하기 • 의류 생산, 소비와 폐기 과정이 환경에 주는 영향을 알아보고 해결 방안 탐색하기	7~8	〈과학〉
	• 천연 염색과 합성염료를 이용한 염색을 비교하며 천연 염색의 아름다움을 느끼고 자연의 중요성을 인식하기	9~10	〈미술〉
	• 패스트패션 소비가 사회에 주는 영향 탐구하기	11~13	〈사회〉 〈수학〉
	• 다양한 매체를 중심으로 소비의 문제를 비판적으로 이해하기	14	〈국어〉
	• 패스트패션 문제에 대하여 신문기사 써 보기	15~16	〈국어〉 〈영어〉
문제 해결	• 패스트패션의 주요 쟁점과 그에 대한 해결방안을 유튜브 동영상으로 제작하기	17~18	〈영어〉
	• 프로세스폴리오 정리 • 발표 및 논평	19~20	전 교과

1. 나는 어떤 옷을 구매할까?

"개선이 없다면, 패스트패션 시대는

우리에게 환경과 건강

그리고 미래를 요구할 것이다."

(출처: Greenpeace)

1. 나는 어떤 옷을 구매할까? (1~2차시)

■ 수업개요

• 학습목표

  −모둠별로 수집한 자료를 다양한 방식으로 표현하여 구매 패턴을 나타낼 수 있다.

  −구매 패턴을 표현하는 과정에서 이견이나 갈등을 조절하면서 모둠원과 협력할 수 있다.

• 교육과정과의 관련성

−핵심 정보가 잘 드러나도록 내용을 구성하여 발표한다.
−내용의 타당성을 판단하며 듣는다.
−언어폭력의 문제점을 인식하고 상대를 배려하며 말하는 태도를 지닌다.
−관찰, 조사, 실험의 절차와 결과가 드러나게 글을 쓴다.

−문제 해결을 위하여 자료를 수집하고 조직화하여 표현할 수 있다.*
−자료에 기초하여 추론과 예측을 할 수 있다.*
−자료를 줄기와 잎 그림, 도수분포표, 히스토그램, 도수분포다각형으로 나타내고 해석할 수 있다.
−공학적 도구를 이용하여 실생활과 관련된 자료를 수집하고 표나 그래프로 정리하고 해석할 수 있다.

−경제활동에서 희소성으로 인한 합리적 선택의 필요성을 이해하고 기본적인 경제 문제 해결을 위한 방식으로서 경제체제의 특징을 분석한다.

주) *는 교육과정에 명시되지 않은 성취기준

■ 교수 · 학습 과정

도입	–현재 나의 옷장에 있는 옷의 종류, 옷을 구매한 경로, 용도, 얼마나 자주 입는지 등에 관하여 생각해 봅시다. –인터넷을 통해 20만 원까지 옷을 살 수 있는 상품권을 가지고 쇼핑몰을 방문하여 티셔츠를 구매해 봅시다.
전개	–옷이 결정되면 장바구니에 담고 그 화면을 캡처하여 상자에 담아 봅시다. –왜 그 상품을 구매하였는지 이유를 적어 봅시다. –모둠원들에게 자신은 어떤 기준으로 옷을 선택하였는지 이야기해 봅시다. –모둠별로 구매한 티셔츠를 모두 수집하여 구매 패턴이 나타날 수 있도록 구분하고 이를 다양한 방식으로 표현해 봅시다.
정리	–모둠별로 구매 패턴의 분류 기준과 결과를 발표해 봅시다. –각 모둠별 표현 방법의 장점과 단점에 대하여 이야기해 봅시다. –표현 방법의 단점을 보완하고 구매 패턴을 표현하기 위해 반드시 들어가야 할 내용(요소)을 추가하여 표현 방법을 수정해 봅시다.

1~2차시 수업은 '패스트패션'이라는 프로그램의 주제를 처음부터 제시하거나 주제에 관한 정보 및 지식을 일방적으로 전달하지 않고 학습자의 실생활 맥락에서 자신이 현재 가지고 있는 의류의 종류나 용도, 필요성 등을 생각해 보고 인터넷을 활용한 가상 구매를 통해 호기심을 가지고 시작할 수 있도록 안내한다. 특히 1~2차시 수업은 의류 구매 패턴과 관련된 자료를 수집하고 표현하는 과정을 통해 학습자 자신이 구안한 표현 방법을 발표하고 논평하도록 한다. 이를 위해 도수분포표, 히스토그램과 같은 형식적 표현으로 구성해 갈 수 있도록 안내해야 함을 염두에 두고 학습자의 활

동과 토의를 이끌어 간다. 따라서 기존 지식에 맞는 틀을 제공하지 않고 학습자 스스로 다양한 기준을 중심으로 구매한 옷을 분류하도록 한다. 교사가 정형화된 표현 형식을 직접적으로 제시하기보다는 학습자가 분류 기준을 스스로 만들어 보고 그 기준을 바탕으로 구매 패턴을 가장 효과적으로 나타낼 수 있는 표현 방법이 무엇인지 충분히 고민하도록 한다.

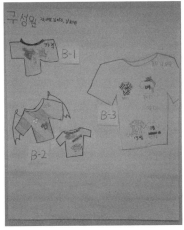

[그림 3-1] 구매 패턴 표현 사례

• 수업 심화 · 확장하기

1~2차시 수업에서는 가상 쇼핑 시간에 기본 티셔츠를 구매하는 것으로 쇼핑 범위를 제한하여 진행한다. 그러나 학년과 성별에 따라 구매 아이템을 확장하면 더 다양한 분류의 기준들이 등장할 수 있을 것이다. 구매 상품을 분류할 때 학습자가 수학교과에서 배웠던 '자료의 정리' 내용을 그대로 답습하지 않고 가능한 한 수집한 자료를 효과적으로 분류하고 주요한 특징을 명확히 보여 줄 수 있

는 표현 방법을 고민하도록 교사가 적절하게 안내하면서 다양한 표현 방법이 등장할 수 있도록 독려한다. 이를 통해 학습자는 각 표현 방법의 장·단점을 찾아내고 모둠원 간의 합의를 통해 가장 적절한 표현 방법을 결정하는 경험을 함으로써 의사결정 능력을 함양할 수 있다.

1~2차시 수업을 교실 안에서의 조사 활동에 국한하지 않고 학습자의 가정에서 가지고 있는 의류의 종류, 구입 이유, 입는 횟수 등을 미리 조사하여 나름의 방식으로 정리해 오거나 또는 이에 관련된 질문을 개발하여 설문조사 활동을 해 볼 수도 있을 것이다. 이와 같은 실제적 자료를 가지고 학습자 스스로가 의류 소비에 대해 반성하고 그 결과를 수업에서 발표하며 묵혀지고 있는 옷을 활용하는 방법 등을 함께 나눈다면 패스트패션이라는 프로그램 주제에 조금 더 자연스럽게 접근할 수 있을 것이다.

• 진로지도와 연결하기

학습자가 가지고 있는 의류의 구매 경로를 조사하거나 가상 쇼핑 활동을 하면서 쇼핑 사이트별로 판매하는 의류의 특징(사용 섬유의 종류, 의류의 디자인 등)과 제작 및 유통 과정, 광고 및 홍보에서 나타나는 특징을 조사하고 비교하도록 하는 활동을 통해 의류 생산 및 유통과 관련된 다양한 직업이 존재하며 그 외에도 자료 분석가와 같은 미디어와 관련된 다양한 직업이 존재한다는 점을 소개하고 학습자가 흥미롭다고 생각하는 직업을 선택하여 조사하여 보고서를 작성하는 과제를 제시할 수 있다.

• 기타 수업 진행상의 유의사항

학습자가 초등학교에서부터 다루기 시작하는 자료의 분류 방법을 모두 활용할 수 있도록 교사가 적절하게 안내하면서 각 자료별 표현 방법의 장점과 단점을 탐색할 수 있도록 한다. 수학적인 표현에만 국한하지 않고 학습자가 창의적이고 유연한 방법으로 다양하게 표현할 수 있도록 자유로운 수업 분위기를 조성한다.

• 참고자료: 가상 인터넷 쇼핑을 위하여 참고할 수 있는 사이트

http://lecs.uniqlo.kr/cart/createCart.lecs

http://www.zara.com/

http://www.thenorthfacekorea.co.kr/

2. 패스트패션이란
무엇일까?

2. 패스트패션이란 무엇일까? (3~4차시)

■ 수업개요

• 학습목표

　－동영상을 보면서 쟁점이 될 수 있는 단어를 추출할 수 있다.

　－추출한 단어를 마인드맵으로 표현하고 설명할 수 있다.

■ 교수 · 학습 과정

도입	－패스트패션이 우리에게 주는 이로움에 대해 이야기해 봅시다.
전개	－패스트패션과 관련된 동영상을 보고 이를 바탕으로 마인드맵을 완성해 봅시다.
정리	－모둠별로 나와서 마인드맵에 대하여 설명해 봅시다.

• 수업의 개관

　본 차시 수업에서는 학습자가 패스트패션과 관련된 동영상을 보고 브레인스토밍과 마인드맵 활동을 통해 패스트패션과 관련된 다양한 쟁점을 탐구하도록 한다. 교사가 환경오염, 인권 문제, 의류 폐기물 재활용 등 구체적인 탐구 주제를 학습자에게 제시하는 것이 아니라 학습자가 스스로 관심과 흥미를 가지고 탐구할 주제를 탐색하게 하는 데에 본 수업의 목적이 있다. 해당 차시 수업을 통해 학습자는 패스트패션과 관련하여 제한된 관점이 아니라 자신의 관점과 맥락에서 현상을 파악하고 분석하여 쟁점이 될 수 있는 단어를 추출하고 이를 범주화하는 과정을 통해 다양한 분야와 연결된 문제점을 의식하게 되고 이를 해결하기 위한 방안 탐색의 필요성을 느끼게 된다.

• 마인드맵을 통한 관계 설명하기

[그림 3-2] 마인드맵 활동 사례

• 수업 심화 · 확장하기

본 차시 수업에서는 패스트패션과 관련된 많은 쟁점들을 10분 분량의 동영상으로 편집하여 자료로 활용하였다. 그러나 학년에 따라 동영상의 분량을 확장하여 조금 더 다양한 관점을 제시하면 학습자의 생각이 심화될 수 있다. 동영상을 보면 부정적인 측면만 부각될 수 있는데, 이때 긍정적 측면에서의 관점도 동영상에 포함 시켜 하나의 현상을 긍정적, 부정적 관점에서 분석하고 해석할 수 있는 기회를 제공하면 마인드맵이 더욱 복잡하게 구성될 수 있다. 이를 통해 이로운 점, 문제점, 문제의 대안 및 해결 방안 등 다양한 주제들이 등장할 수 있다. 학습자가 기사문, 보도자료 등 다양한 자

료를 미리 준비하여 읽어 보게 한 뒤 동영상도 함께 제시하면 확장
된 논의가 이루어질 수 있다.

• 진로지도와 연결하기

본 차시 수업에서 제시된 자료를 통해 학습자는 미래에 가능성
있는 직업 세계를 생각해 볼 수 있고 자신이 선택하는 진로가 세계
사회에 어떠한 영향을 줄 수 있는지에 대해서도 논의해 볼 수 있다.
이와 관련하여 세계시민의식을 가지고 이윤을 추구하는 기업가,
노동자들의 복지를 생각하는 공장주, 환경과 생태계 보존을 위한
활동가 및 연구자, 인권 보호를 위한 활동가, 심각한 문제를 취재하
고 알리는 언론인 등 다양한 직업 세계를 제시할 수 있다.

• 기타 수업 진행상의 유의사항

구체적인 마인드맵을 작성하기 위하여 학습자가 자료에 나타나
는 핵심 단어들을 기록하도록 안내한다. 동영상에 나타나는 어려
운 단어의 뜻 자체를 설명할 수는 있으나 모든 과정이 학습자의 자
율적인 참여를 통해 이루어질 수 있도록 교사는 안내의 역할만 담
당한다.

• 참고자료
 – [하나뿐인 지구] 패스트패션이 말해 주지 않은 것들 http://
  youtu.be/n0H4l5UOGl8
 – 화려한 '패스트패션' 뒤에 가려진 방글라데시의 눈물 http://
  imnews.imbc.com

3. 내 옷은 무엇으로?

3. 내 옷은 무엇으로? (5차시)

■ 수업개요

• 학습목표

  −모둠 구성원들이 협력하여 옷의 소재와 성분에 대한 자료를
  분석 기준에 따라 분류하고 해석할 수 있다.

  −모둠별로 옷의 소재와 성분의 비율에 대해 다양하게 표현할
  수 있다.

• 교육과정과의 관련성

−글에 사용된 다양한 설명 방법을 파악하며 읽는다.
−매체에 드러난 다양한 표현 방법과 의도를 평가하며 읽는다.
−생각이나 느낌, 경험을 드러내는 다양한 표현을 활용하여 글을
쓴다.

−비율을 이해하고, 비율을 분수, 소수, 백분율로 나타낼 수 있다.
−실생활 자료를 그림그래프로 나타내고, 이를 활용할 수 있다.
−주어진 자료를 띠그래프와 원그래프로 나타낼 수 있다.
−자료를 수집, 분류, 정리하여 목적에 맞는 그래프로 나타내고, 그
래프를 해석할 수 있다.

−과학을 활용하여 우리 생활을 보다 편리하게 만드는 방안을 고
안하고 그 유용성에 대해 토론할 수 있다.
−천연섬유와 합성섬유에 대해 알 수 있다.*

주) *는 교육과정에 명시되지 않은 성취기준

■ 교수 · 학습 과정

도입	−여러분들이 지금 입고 있는 옷은 무엇으로 만들어졌을지 알아봅시다. −옷의 소재와 성분을 확인하는 방법에 대해 생각해 봅시다. −옷 사용 설명서(Tag)는 어떻게 읽는지 알아봅시다.

전개	−다양한 섬유에 대해 알아보고 태그에 적혀 있는 비율을 다양한 방법
	  으로 표현해 봅시다.
	−의류 태그에 적혀 있는 성분의 합이 100%가 넘는다는 사실을 확인
	  하고 이를 해석해 봅시다.
	−상의, 하의, 속옷, 겉옷 등 의류의 종류에 따라 적합한 섬유에 대해
	  이야기해 봅시다.
	−천연섬유와 합성섬유의 장단점에 대해 알아봅시다.

정리	−모둠별 성분 분석에 대한 결과를 발표해 봅시다. −앞으로 의류를 구입할 때 어떤 성분으로 이루어진 의류를 구입할 것 인지 근거와 함께 정리해 봅시다.

5차시에서는 앞서 가상으로 구매한 옷(학습자가 선호하는 옷)이 어떤 소재로 이루어져 있는지를 살펴보는 과정을 통해 학습자에게 실생활에서 많이 이용되는 섬유와 그 특징을 살펴볼 수 있는 기회를 제공한다. 자신이 입고 있는 옷에 있는 태그를 분류하는 것으로 학습할 내용과 실제 생활과의 연계를 찾게 하여 호기심을 가지고 접근할 수 있도록 한다. 소그룹 단위로 학습자가 다양한 섬유의 비율을 표현하는 방법을 충분한 토의를 통해 이끌어 낼 수 있도록 안내한다. 교사가 표현법을 제시하는 것보다, 학습자의 기준을 이해하고 또 다른 방법을 생각할 수 있는 제안을 통해 학습자의 다양한 표현이 드러날 수 있도록 차시를 이끌어 간다.

앞서 작성한 마인드맵에서 의류의 생산과 관련된 다양한 소재, 합성섬유와 천연섬유의 특징을 이해하고 활동할 수 있도록 지도한다.

• 수업 심화 · 확장하기

5차시에서는 가상쇼핑으로 기본 티셔츠를 구매하여 옷감의 종류를 살펴보고, 실생활에 많이 사용되는 천연섬유와 합성섬유를 기준으로 수업을 진행하였다. 이 수업에서는 가장 널리 쓰이는 천연섬유와 합성섬유 각 3가지를 소개하지만, 여기에 포함되지 않은 다양한 섬유 소재를 제시하여 학습자가 자신의 기준을 세우고 분류하는 과정, 분류기준의 특징을 드러내 발표하는 과정을 실행하면 과학에서의 관찰, 분류, 추리 등 탐구 능력을 향상시킬 수 있을 것이다. 또한, 나에게 필요한 기능을 추가한 섬유를 상상해 보게 하여 현재 섬유를 과학, 기술적으로 확장시킬 수 있는 기능에 대해 생각해 보고, 이를 실현하기 위한 기술의 발전에 대해 고민하는 과정을 통해 실생활과 과학이 밀접한 관계를 가짐을 알 수 있게 될 것이다.

• 진로지도와 연결하기

수업을 심화, 확장하는 과정에서 신기능성 옷감을 이용한 새로운 패션의 등장에는 과학자, 기술자, 디자이너 등 다양한 직업이 관련되어 있음을 소개하고 학습자가 확장할 수 있는 직업에 대해 발표하는 시간을 가질 수 있다.

• 프로세스폴리오 계획

해당 차시의 수업에서는 다음과 같은 내용들이 프로세스폴리오에 포함될 수 있도록 안내한다.

1) 태그 살펴보기: 실제 입고 있는 옷의 태그를 확인하게 한다. 앞서 가상쇼핑으로 구매한 태그를 확인하도록 한다.

2) 모둠별로 태그를 선택하여 분석하기: 태그에 대한 기준을 마련하고 결과를 정리한다.

3) 모둠이 분류한 섬유의 특징을 다양하게 표현한다.

- **기타 수업 진행상의 유의사항**

개념이나 지식의 전달보다는 활동에 초점을 맞추어 지도할 수 있도록 한다. 활동을 진행하며 결과물을 생성해 나가는 데에 있어서 정답을 찾지 않도록 독려하고 탐색을 격려한다. 이를 위해 자율적이고 허용적인 수업 분위기를 조성한다.

- **참고자료**
- 한국섬유개발원 http://www.textile.or.kr/rnd/boardList. do?bbs=txl_rnd

4. 패스트패션이 환경에 주는 영향 I

자연계에서 등을 돌리는 것은 결국

우리 행복에서 등을 돌리는 것과 같다.

– 새뮤얼 존슨

4. 패스트패션이 환경에 주는 영향 I (6차시)

■ 수업개요

• 학습목표

　－옷이 만들어지는 과정을 설명할 수 있다.

　－옷의 공정 과정이 환경에 미치는 영향을 표현할 수 있다.

• 교육과정과의 관련성

－여러 사람 앞에서 말할 때 부딪히는 어려움에 효과적으로 대처한다.
－핵심 정보가 잘 드러나도록 내용을 구성하여 발표한다.
－대상의 특성에 맞는 설명 방법을 사용하여 글을 쓴다.

－옷을 만들 때 다양한 공정 과정이 필요함을 알고 표현할 수 있다.*
－모둠에서 표현한 공정 과정을 설명할 수 있다.*

주) *는 교육과정에 명시되지 않은 성취기준

■ 교수 · 학습 과정

도입	－옷이 만들어지기까지의 과정을 생각해 봅시다. －모둠별로 토의를 통해 옷이 만들어지는 과정을 나열해 보고 수정해 봅시다.
전개	－티셔츠 한 벌을 만드는 데 필요한 자원은 무엇이 있을지 생각해 봅시다. －옷의 공정 과정을 생산－소비－폐기의 단계에 맞추어 분류해 봅시다. 각 과정에서 투입되는 자원과 공정 결과가 환경에 미치는 영향을 생각해 봅시다. －옷의 공정 단계마다 환경에 미치는 영향을 모식도로 표현해 봅시다.
정리	－옷의 공정 과정에 대해 정리해 봅시다.

6~9차시에서는 실제 옷이 만들어지는 과정을 살펴보고 한 벌의 옷이 환경에 미치는 영향을 각 단계별로 탐색해 보는 데 주안점을 둔다. 옷이 만들어져 마트에 가서 산다고 단순하게 생각하는 학습자에게, 다양하고 복잡한 옷의 공정과정이 환경에 미치는 영향에 대해 다각적으로 접근하게 한다. 일부의 과정을 체험하며 옷의 생산과 소비 전반의 과정에서 환경에 미치는 영향을 다각도로 유추할 수 있도록 교사의 적절한 유도가 제공되어야 한다.

먼저 6차시에서는 옷이 만들어지기까지의 과정(소재의 선택, 가공과 염색, 봉제, 완성품의 소비, 폐기 및 분해)을 가능한 한 다양하게 생각해 보게 한다.

도입에서 충분히 하나의 완성품(옷)이 나오는 데 복잡한 공정 과정이 필요함을 학습자가 충분히 인식하게 한다. 활동에서는 각각의 공정 과정이 환경에 미칠 수 있는 영향에 대해 생각해 보고, 실제 공장 주변의 환경이 어떻게 오염되는지 수질오염, 토양오염, 대기오염 등으로 나누어 추측하게 한다. 이러한 과정을 모식도로 표현하여 조별 발표 시간을 갖는다. 정리에서는 다음 차시에 진행될 활동에 대해 간단하게 소개한다.

• 수업 심화 · 확장하기

'공장주변 환경'을 복원시키기 위한 방법에 대해 논의할 수 있다. 공장 주변의 환경을 되살리기 위해서는 어떠한 노력이 필요할지에 대해 수질오염, 토양오염, 대기오염으로 나누어 방안을 모색한다. 더불어 환경오염은 사후 처리보다 예방이 중요함을 알게 하고, 예방을 위한 노력으로 새로운 기술의 개발과 다양한 환경 운동이 지속적으로 이루어지고 있음을 사례를 통해 알게 한다.

• 진로지도와 연결하기

옷의 공정 과정 각각을 살펴보면서 해당 과정 중에 나타나는 직업에 대해 소개할 수 있다. 또는 학습자에게 '각 공정 단계에서 필요한 직업'이라는 과제를 제시할 수 있다. 소재는 천연과 합성을 나누어 다양한 직업을 생각해 볼 수 있게 하며 또한 신소재의 출현과 관련하여 앞선 5차시 진로지도와 연계할 수 있다. 또한 옷의 생산 과정뿐 아니라 폐기 과정에서 필요한 직업을 제시할 수 있다.

• 프로세스폴리오 계획

해당 차시의 수업에서는 다음과 같은 내용들이 프로세스폴리오에 포함될 수 있도록 안내한다.

1) '옷이 만들어지기까지' 전반에 대한 마인드맵을 그려 본다(포스트잇 사용). 사진으로 저장한다.
2) 모둠원의 마인드맵을 옷의 공정 과정을 기준으로 재배치하여 사진으로 저장한다.
3) 모둠별로 옷의 공정 과정을 평가하고, 각 조의 장점과 단점을 기록한다.
4) 우리 조의 공정 과정을 재정리한다.
5) '공장주변의 환경'에 대한 조별 토론 결과를 사진/그림으로 기록한다.

• 기타 수업 진행상의 유의사항

개념이나 지식의 전달보다는 활동에 초점을 맞추어 지도할 수 있도록 한다. 활동 기준을 세우고 활동을 진행하며 결과물을 생성해 나가는 데, 정답을 찾지 않도록 독려하고 탐색을 격려한다. 이를 위해 자율적이고 허용적인 수업 분위기를 조성한다.

• 참고자료

– 천연 염색 http://www.naturaldyeing.or.kr/xe/

– 옷의 공정 과정 http://blog.naver.com/tinkubel87/90117785206

5. 패스트패션이 환경에
주는 영향 II

5. 패스트패션이 환경에 주는 영향 II (7차시)

■ 수업개요

• 학습목표

　－패스트패션의 다양한 공정 과정 중 염색이 수질에 미치는 영향에 대해 파악할 수 있다.

　－모둠별로 비율을 표현하는 방식을 설명할 수 있다.

• 교육과정과의 관련성

－핵심 정보가 잘 드러나도록 내용을 구성하여 발표한다.
－대상의 특성에 맞는 설명 방법을 사용하여 글을 쓴다.

－실생활 자료를 그림그래프로 나타내고, 이를 활용할 수 있다.
－자료를 수집, 분류, 정리하여 목적에 맞는 그래프로 나타내고, 그래프를 해석할 수 있다.

－재해·재난 사례와 관련된 자료를 조사하고, 그 원인과 피해에 대해 과학적으로 분석할 수 있다.
－비생물 환경 요인이 생물에 미치는 영향을 이해하여 환경과 생물 사이의 관계를 설명할 수 있다.
－수질오염의 측정 기준을 이해할 수 있다.*
－제시된 기구들을 잘 활용하여 희석활동을 수행할 수 있다.*

－경제활동에서 희소성으로 인한 합리적 선택의 필요성을 이해하고 기본적인 경제 문제 해결을 위한 방식으로서 경제체제의 특징을 분석한다.

주) *는 교육과정에 명시되지 않은 성취기준

■ 교수 · 학습 과정

도입	−여러분들이 지금 입고 있는 옷은 어떻게 염색이 되었는지 생각해 봅시다. −깨끗한 물의 기준 중 하나인 탁도 개념을 소개해 봅시다. −다양한 도구 중 어떤 도구를 선택하여 측정할지, 자료의 표현은 어떻게 할지 토의해 봅시다.
전개	−커다란 비커에 염색액 1mL를 넣고 적당량의 물을 추가하며 깨끗한 물로 만들어 봅시다. −탁도 측정계를 사용하여 염색액 1mL를 강에 방류할 때 희석이 되기 위한 물의 양을 계산해 봅시다. −희석을 위해 추가한 깨끗한 물의 양과 염색약의 농도 사이의 관계를 자유롭게 표현해 봅시다. −모둠별로 결과를 발표해 봅시다.
정리	−옷의 공정 과정을 떠올리며 티셔츠 한 장을 생산하는 데 사용되는 물의 양을 예측해 봅시다.

염색약 1mL를 희석하는 활동을 통해 의류 산업에서 사용된 물이 자연적으로 정화되기 위해서는 얼마만큼의 물이 필요한지 예측하게 한다. 이 과정을 통해 학습자에게 다양한 공정 과정 중 염색 과정이 환경, 특히 수질에 미치는 영향을 살펴보게 하고, 물을 절약하기 위한 방법을 탐색하게 한다.

실험교실에서 염색액 1mL을 희석하는 데 1L 이상의 물을 사용하였다. 활동을 진행할 때에는 희석의 목표(기준)를 제시하여 학습자이 흥미를 가지고 자발적으로 참여하였다. 실험교실에서 제시한 기준은 '육안으로 보았을 때 깨끗해 보이기'와 '탁도측정계를 사용했을 때 1NTU에 가깝게 만들기'였으며, 탁도측정계로 3번 측정이 가능할 수 있도록 하였다.

　희석 활동은 다양한 과학 도구를 접해 볼 수 있는 시간이다. 교사
는 과학실에서 액체의 부피를 측정할 수 있는 기구들(비커, 메스실
린더, 다양한 플라스크, 스포이트 등)을 제시하여 다양한 과학 도구를
학습자가 직접 선택하여 활동을 진행할 수 있게 한다. 특히 중요한
것은 1mL의 염색액에 추가하는 깨끗한 물의 양을 정확하게 기록하
도록 해야 한다는 점이다. 이 과정을 통해 학습자는 사용할 물의 양
을 짐작하고 활동의 시간을 조절할 수 있으므로, 활동 시작 시 기록
의 중요성을 강조하도록 한다.

[그림 3-3] 희석 활동 사례

　활동을 정리할 때에는 모둠의 자료를 시각화하기 위한 효과적인
표현방법을 토의하여 결정하도록 하고, 발표를 통해 희석이 가장
효과적으로 이루어진 조를 뽑을 수 있다. 이러한 요소를 포함하는
것은 학습자의 참여를 고취시키고 활동을 효율적으로 이끌어 낼
수 있게 한다.

　또한 희석활동은 옷의 공정 과정 중 극히 일부의 단계(염색 과정
중에서 사용한 물을 외부로 폐기하는 과정)로, 옷 한 벌이 만들어지기
위해서는 각 단계별로 얼마나 다양한 오염이 일어날 수 있는지에

대해 생각해보는 시간을 갖는다.

• 수업 심화·확장하기

옷의 공정 과정이 다양한 만큼 옷이 완성되는 과정의 다양한 측면에서 환경에 미치는 영향을 살펴 볼 수 있게 한다. 희석 활동 외에도 옷의 공정 과정 중 하나의 과정을 선택하여 깨끗한 상태로 되돌리기 위한 활동을 진행할 수 있다. 예를 들어, 봉제과정 중 버려지는 옷감이나 실밥 등을 처리하기 위한 방법, 목화를 재배할 때 사용하는 농약을 토양에서 정화시키기 위한 방법 등에 대해 논의하고 그 내용을 모둠별로 발표하도록 한다.

모둠별로 공정 과정이 이루어지는 공장(염색 공장, 봉제 공장 등)을 선택하고 그 주변에서 일어나는 환경오염을 예측하여 도식화하는 활동을 통해 산업에서 환경 보호를 위해 해야할 일들에 대해 논의하게 할 수 있다.

또한 패스트패션 산업이 발전할수록 증가되는 오염에는 무엇이 있을지 토론하게 하고 환경오염의 결과가 우리 실생활에 미치는 영향에 대해 다각도로 예측하여 발표하는 시간을 가지도록 한다. 이러한 과정에서 환경을 보존해야 하는 환경 운동가와 생산력을 늘려야 하는 패스트패션 관련 종사자의 입장을 조사하여 각자의 입장을 대변하는 토론이나 역할극을 진행하여 상호의 입장을 이해하는 시간을 가지도록 한다.

이 차시에서는 수질의 정화방법에서 깨끗한 물을 추가하여 희석하는 탁도의 개념만 도입했지만, 수질 정화에는 화학적 처리와 물리적 처리 등 다양한 방법이 있다. 추가로 우리 실생활에서 이용되는 수질 정화에 대해 알아보는 시간을 가질 수 있다.

• 진로지도와 연결하기

앞선 차시에서는 의류 산업과 관련된 진로에 대해 알아보았다면 이번 차시에서는 환경과 관련된 직업에 대해 살펴볼 수 있다. 환경 운동가뿐만 아니라 기준치 이상의 환경오염 유발을 감시하는 공공 기관, 이를 적발해 내는 보도 관련 기자 등 환경을 보호하는 데 필요한 직업의 세계에 대해 다양하게 알아볼 수 있다. 특히 이 차시에서 직업별 역할극을 추가하여 심도 있는 직업탐색을 가능하게 할 수 있다.

• 프로세스폴리오 계획

해당 차시의 수업에서는 다음과 같은 내용들이 프로세스폴리오에 포함될 수 있도록 안내한다.

1) 과학실에서 희석 활동에 사용할 수 있는 다양한 도구에 대해 적어 본다.

2) 가장 적절한 도구와 적절한 방법을 모둠원들이 토의하여 그 계획을 적어 본다.

3) 계획에 따라 희석 활동을 진행하며 투입된 물의 양을 기록한다.

4) 1mL의 염색액을 희석하기 위해 사용된 물의 양을 깨끗한 물의 투입 횟수에 따라 나타내고 측정 기준과 내용을 기록한다.

5) 1mL의 염색액을 희석하는 데 사용한 물의 양을 가장 적절한 방법으로 표현한다.

6) 모둠별로 자신의 표현 방법을 평가하여 장점과 단점을 기록

한다.

• **기타 수업 진행상의 유의사항**

개념이나 지식의 전달보다는 활동에 초점을 맞추어 지도할 수 있도록 한다. 활동 기준을 세우고 활동을 진행하며 결과물을 생성해 나가는 데, 정답을 찾지 않도록 독려하고 탐색을 격려한다. 이를 위해 자율적이고 허용적인 수업 분위기를 조성한다.

• **참고자료**
- hand-out: 탁도와 수질측정

6. 패스트패션이 환경에
주는 영향 III

6. 패스트패션이 환경에 주는 영향 III (8차시)

■ 수업개요

• 학습목표

　-공정 단계를 중심으로 친환경적인 옷의 사례를 분석할 수 있다.

　-공정 단계별로 환경에 미치는 영향을 줄이기 위한 방안을 제시할 수 있다.

• 교육과정과의 관련성

-설득 전략을 비판적으로 분석하며 듣는다.
-매체에 드러난 다양한 표현 방법과 의도를 평가하며 읽는다.
-생각이나 느낌, 경험을 드러내는 다양한 표현을 활용하여 글을 쓴다.

-생물의 다양성을 이해하고, 변이의 관점에서 환경과 생물다양성의 관계를 설명할 수 있다.
-생물다양성 보전의 필요성을 이해하고, 생물다양성 유지를 위한 활동 사례를 조사하여 발표할 수 있다.
-환경오염과 그에 영향을 주는 요인에 대해 이해할 수 있다.*

주) *는 교육과정에 명시되지 않은 성취기준

■ 교수 · 학습 과정

도입	−옷이 만들어지는 단계별로 환경에 미치는 영향에 대해 이야기해 봅시다. −옷이 만들어지는 단계별로 환경에 나쁜 영향을 줄이기 위해 노력하는 사람들의 사례를 알아봅시다.
전개	−조별로 하나의 사례를 선택하고 어떤 점에서 친환경적인지 분석해 봅시다. −분석한 내용을 친구들에게 전달할 자료를 만들어 봅시다. −다른 모둠의 발표를 듣고 '친환경'의 기준을 어떻게 정의했는지 질문하고 우리 모둠의 분석 결과와 비교해 봅시다.
정리	−패스트패션 산업이 환경에 미치는 영향을 줄이려면 어떤 노력이 필요할지 생각해 봅시다.

• 수업 개요

8차시의 목적은 앞선 5~7차시를 종합하여, 패스트패션 의류산업이 공정 과정별로 환경에 미치는 영향에 대한 구체적인 예를 분석하는 데 있다. 염색과 희석 활동이 옷의 생산 과정 중 하나의 단계에서 환경오염이 어떻게 발생하는지를 이해하는 방식으로 설계되어 있다면, 본 차시에서는 각 공정 단계별로 오염을 줄이기 위한 실제적인 노력들에 대해 살펴본다.

의류 소재 마련부터 폐기의 시점까지 다양한 방식과 참신한 아이디어로 문제를 인식하고 문제 해결 방법을 모색하여 의류산업의 지속가능한 발전을 위해 노력하는 사례들을 제시한다. 이 과정에서 학습자는 자료에서 제시하는 정보들을 무비판적으로 받아들이기보다는 각자가 생각하는 '친환경'의 기준을 설정하고 제시된 자료가 어떤 기준에서 친환경적인지 비판적으로 분석할 수 있도록 교사의 안내가 필요하다. 또한, 앞서 학습한 패스트패션의 개념과 친환경 제품의 생산과 소비 과정에서 나타나는 차이점을 구분해 내며, 궁극적으로 지속가능한 발전을 위해 자신만의 올바른 소비 기준을 설립할 수 있게 돕는다.

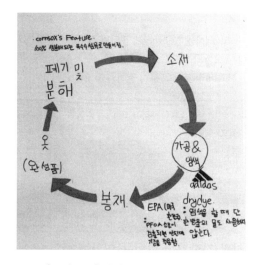

[그림 3-4] 친환경 분석 활동 사례

모둠별 발표를 통해 학습자는 다른 사람들이 생각하는 '친환경'의 기준의 적합성을 판단하고, 분석의 타당성을 고려하는 과정을 통해 과학자들의 의사소통이 일어나는 방식에 대한 간접적인 체험을 할 수 있게 될 것이다.

• 수업 심화 · 확장하기

이 차시에서는 패스트패션의 공정 과정별로 한두 개의 사례를 학습자에게 제시한다. 수업의 심화와 확장을 위해서는 학습자 스스로가 지속가능한 패션 산업 사례를 찾는 과제를 수행하고, 특히 첨단 과학기술을 이용한 친환경 신소재 개발 기술 등 과학기술의 발전과 관련한 관점에서 지속가능한 발전 사례를 탐구하는 방식으로 운영될 수 있다.

모둠별로 패스트패션과 지속가능한 패션의 장단점에 대해 도식화하고 각각의 특성과 자신의 소비기준, 변화된 관점 등에 대하여 발표하는 과정은 자료의 분류와 정리, 이를 근거로 한 결론도출과 의사결정에 대한 전체적인 사고과정을 일목요연하게 정리하는 기회가 될 수 있다.

● 진로지도와 연결하기

앞선 차시에서 다양하고 폭넓은 직업에 대한 소개가 이루어졌으므로 본 차시에서는 소개된 직업을 분류하여 정리해 보는 시간을 갖는다. 예를 들어, 패스트패션 의류산업과 관련된 직업은 크게 다음과 같이 나눌 수 있다. [소재 생산(목화, 누에, 모피 등)과 관련된 직업, 옷감의 가공과 봉제와 관련된 다양한 제조업, 새로운 색료나 신소재 옷감 개발과 관련된 과학기술 관련 직업, 환경에 미치는 영향 평가와 감시에 관련된 직업, 디자이너 등 예술 관련 직업, 의류의 유통과 소비에 관련된 직업, 의류 폐기와 관련된 직업 등]

● 프로세스폴리오 계획

해당 차시의 수업에서는 다음과 같은 내용들이 프로세스폴리오에 포함될 수 있도록 안내한다.

1) 제시된 사례에 대한 특성을 정리하여 기록한다.

2) 사례에서 보이는 친환경적 요소가 옷의 공정 과정 중 어떤 단계에서 환경에 긍정적인 영향을 미치는지 분석하여 기록한다.

3) 패스트패션과 친환경 의류 사례가 보이는 차이점에 대해 기록한다.

4) 모둠 발표를 통해 각각의 모둠에서 보이는 '친환경 기준'에 대해 근거를 제시하며 평가한다.

5) 앞으로 자신이 가져야 할 소비패턴에 대해 생각하여 적어 본다.

• 기타 수업 진행상의 유의사항

개념이나 지식의 전달보다는 활동에 초점을 맞추어 지도할 수 있도록 한다. 다양한 의견을 포괄하고, 논리적 절차적으로 필요한 과정을 생각할 수 있도록 돕는다. 이를 위해 자율적이고 허용적인 수업 분위기를 조성한다.

• 참고자료

– 친환경 의류 사례1 http://www.cornsox.co.kr/

– 친환경 의류 사례2 http://alladidas.com/527

– 친환경 의류 사례3 http://article.joins.com/news/article/article.asp?total_id=3198641

– 친환경 의류 사례4 http://okfashion.co.kr/detail php?number=19158&thread=81r18

– 친환경 의류 사례5 http://nownews.seoul.co.kr/news/newsView.php?id=20090410601003

7. 친환경적 대안 탐색하기

7. 친환경적 대안 탐색하기 (9~10차시)

■ 수업개요

• 학습목표

－주변 사례를 중심으로 자연물과 인공물의 특징을 비교할 수 있다.

－천연 염색을 통해 친환경적 디자인의 가치와 개념을 이해할 수 있다.

• 교육과정과의 관련성

－언어폭력의 문제점을 인식하고, 상대를 배려하며 말하는 태도를 지닌다.
－관찰, 조사, 실험의 절차와 결과가 드러나게 글을 쓴다.

－문제 해결을 위하여 자료를 수집하고 조직화하여 표현할 수 있다.*
－자료에 기초하여 추론과 예측을 할 수 있다.*
－자료를 줄기와 잎 그림, 도수분포표, 히스토그램, 도수분포다각형으로 나타내고 해석할 수 있다.
－공학적 도구를 이용하여 실생활과 관련된 자료를 수집하고 표나 그래프로 정리하고 해석할 수 있다.

－물리 변화와 화학 변화의 차이를 알고, 일상생활에서 물리 변화와 화학 변화의 예를 찾을 수 있다.

－자신과 주변 대상, 환경, 현상의 관계를 탐색하여 나타낼 수 있다.
－미술과 다양한 분야가 서로 영향을 준 사례를 찾을 수 있다.
－표현 매체의 특징을 알고 다양한 표현 효과를 탐색할 수 있다.

주) *는 교육과정에 명시되지 않은 성취기준

■ 교수 · 학습 과정

도입	–주변의 자연물에서 볼 수 있는 여러 가지 형태와 색을 찾아 특징을 이야기해 봅시다. –자연과 인간이 어떤 관계라고 생각하는지 자유롭게 이야기해 봅시다.
전개	–우리 주변에서 자연물과 인공물을 비교하여 보고, 그 느낌에 대해 이야기해 봅시다. –자연으로부터 색을 추출하여 염색하는 천연 염색에 대하여 이해하고, 천연 염색의 특징 및 장점에 대해 소개해 봅시다. –천연 염색을 위한 다양한 자연의 재료를 소개해 봅시다. –천연 염색을 체험해 봅시다.
정리	–서로의 작품에서 특징을 찾아 이야기해 봅시다. –천연 염색의 기법과 작품에 나타난 표현적 특성을 연결 지어 설명해 봅시다. –서로 다른 모양과 색의 천연염색 작품을 보며 다양성의 가치에 대하여 이야기해 봅시다. –자신의 개성을 표현하는 방식으로서 천연 염색의 가치에 대하여 이야기해 봅시다. –친환경적 노력에 있어서 다양성의 중요성에 대하여 이야기해 봅시다.

9~10차시 수업은 문제 분석 단계로, 천연 염색을 직접 체험해 봄으로써 합성염료를 이용한 염색과 비교하며 천연색의 아름다움을 느끼고 자연의 중요성을 인식하는 데 있다. 자연물과 인공물을 비교해 봄으로써 자연 안에 있는 시각적인 질서의 아름다움을 찾아보고, 그로부터 느낀 점을 친구들과 공유할 수 있도록 한다. 또한 천연 염색을 해 보는 과정에서 천연 염색의 장점 및 단점에 대해 이해하고, 천연 염색을 직접 체험해 보는 활동을 통하여 자연친화적인 태도를 기를 수 있다. 교사는 학습자가 천연 염색 활동을 통해

오늘날 의류 산업에 적용할 점에 대해 생각해 볼 수 있도록 지도하고, 다양한 무늬를 만들어 보는 활동을 통해 개별 단위의 개성과 다양성, 그리고 상호 관련성을 존중하는 생태적 노력의 속성 또한 학습자이 이해할 수 있도록 지도해야 한다.

• 수업 심화 · 확장하기

9~10차시 수업은 천연 염색을 직접 체험해 보는 활동을 통해 자연의 아름다움과 중요성을 인식할 수 있도록 수업을 진행하였다. 수업에서 학습자가 염색할 수 있는 흰 천으로 티셔츠나 손수건 등을 사용하였다. 이 과정에서 옷 재활용에 대해 언급하였는데, 이를 바탕으로 정크 아트 등 사용하지 않는 의류나 물건들을 활용한 생활용품 만들기, 재구성하기 등 다양한 활동으로 발전시킬 수 있고, 재활용하는 과정을 통해 학습자는 자연의 의미를 직접 경험할 수 있게 된다. 또한, 유니버설 디자인(장애의 유무나 연령 등에 관계없이 모든 사람들이 제품, 건축, 환경, 서비스 등을 보다 편하고 안전하게 이용할 수 있도록 설계하는 것), 에코 디자인 등 사회적 변화를 위한 다양한 디자인의 사례를 인터넷이나 관련 서적을 통해 찾아보고, 자신이 관심 있는 디자인을 바탕으로 스스로 친환경적 제품을 디자인하고 만들어 봄으로써 자연과 사람이 공존할 수 있는 방법을 생각해 보는 것과 동시에 아름다움을 찾아낼 수 있는 창의적이고 심미적인 경험들을 자연스럽게 접할 수 있을 것이다.

• 진로지도와 연결하기

사회 참여적인 디자이너에 대하여 신문, 인터뷰, 방문 등 체험적인 방법으로 조사하고, 사회와 환경을 중요하게 다루고 있는 에코 디자인, 유니버설 디자인에 대한 자료 수집을 통해 다양하고 창의적인 예술 방법들이 존재한다는 것을 알 수 있도록 한다. 이런 과정들을 바탕으로 학습자 자신의 적성과 관련지어 생각해 보는 과제를 제시할 수 있다.

• 프로세스폴리오 계획

해당 차시의 수업에서는 다음과 같은 내용들이 프로세스폴리오에 포함될 수 있도록 안내한다.

1) 자연과 인간의 관계에 대해 생각해 보기: 수업을 시작하기 전에 나는 자연과 사람들의 관계에 대해 어떻게 생각하고 있었는지 생각해 본다.

2) 주변에서 볼 수 있는 자연물과 인공물 비교해 보기: 주변에서 자주 볼 수 있는 자연물과 인공물의 느낌이 어떻게 다른지 이야기해 본다. 또한 비슷한 색의 자연물과 인공물에서 어떤 느낌을 받았는지 자연스럽게 이야기해 본다.

3) 천연 염색의 과정에서 느낀 점에 대하여 반성적 글쓰기: 천연 염색 활동을 통해서 알게 된 점과 자연에서 얻을 수 있는 색에 대한 나의 생각, 그리고 내가 가지고 있던 자연과 인간에 대한 관점에서 무엇이 달라졌는지 써 본다.

4) 천연 염색 결과물에 대한 자기 평가 및 상호 평가하기: 천연 염색 활동을 통해 얻은 자신의 결과물에 대해 자기 평가를 하고 친구들과 의견을 나누며 잘된 점과 보완해야 할 점 그리고 서로 느낀 점을 공유하며 상호 평가해 본다.

• 기타 수업 진행상의 유의사항

불을 사용할 경우 철저한 안전 지도가 필요하다. 무늬를 만들 때에는 실, 고무줄, 나무젓가락 등 실생활에서 얻을 수 있는 도구들을 이용할 수 있도록 안내한다. 또한, 천연 염색의 경우 황토뿐만 아니라 주변에서 쉽게 얻을 수 있는 양파 껍질, 커피, 복숭아 등을 이용할 수 있음을 안내한다. 이를 통해 학습자 스스로 일상 속에서 환경에 대해 인식을 할 수 있도록 지도한다.

• 참고자료: 천연 염색 수업을 위해 참고할 수 있는 사이트
 −천연염색 구입처: 천연염색 쇼핑몰 http://www.naju1000.
  co.kr/
 −나주 천연염색문화관 http://www.naturaldyeing.or.kr/xe/
 −천연 염색의 이해 한국천연염색박물관 http://www.naturaldyeing.
  or.kr/

8. 패스트패션 소비가 사회에
주는 영향 I

경제란, 화폐를 소비한 의미도 아니지만,

그것을 절약하는 의미도 아니다.

그것은 한 나라 한 집의 경영과 처리의 뜻이다.

– J. 러스킨 –

8. 패스트패션 소비가 사회에 주는 영향 I (11~12차시)

■ 수업개요

• 학습목표

　－패스트패션의 사회적 영향을 분류하고 탐구 주제를 설정할 수 있다.

　－모둠에서 선정한 탐구 주제를 모둠원과 협력하여 조사하고 분석할 수 있다.

• 교육과정과의 관련성

　－핵심 정보가 잘 드러나도록 내용을 구성하여 발표한다.
　－도서관이나 인터넷에서 관련 자료를 찾아 참고하면서 한 편의 글을 읽는다.
　－언어폭력의 문제점을 인식하고, 상대를 배려하며 말하는 태도를 지닌다.

　－과학을 활용하여 우리 생활을 보다 편리하게 만드는 방안을 고안하고 그 유용성에 대해 토론할 수 있다.

　－경제활동에서 희소성으로 인한 합리적 선택의 필요성을 이해하고 기본적인 경제 문제 해결을 위한 방식으로서 경제체제의 특징을 분석한다.
　－일생 동안 이루어지는 경제 생활을 조사하고, 경제적으로 지속가능한 생활을 위한 금융 생활(자산 관리, 신용 관리)의 중요성을 이해한다.

■ 교수 · 학습과정

도입	–사회현상을 연구하는 과학자들은 궁금한 점이 생겼을 때 일정한 절차나 방법을 사용하여 문제를 해결합니다. 패스트패션이 사회에 미치는 영향을 조사해 봅시다.
전개	–"패스트패션 소비 증가"에 따라 나타날 수 있는 여러 가지 현상들을 모둠별로 제시된 종이에 브레인스토밍을 해 봅시다. –이 자료를 앞 차시에서 작성한 마인드맵과 비교해 봅시다. –오늘의 탐구 문제를 생각해 봅시다. –패스트패션 소비 증가 ⇒ 사회적 영향 –앞서 작성한 두 가지 자료(브레인스토밍, 마인드맵)에서 사회적인 영향과 관련된 것을 찾아서 분류해 봅시다. –모둠별로 탐구하고 싶은 주제 3개를 정해 봅시다. –자료를 수집하고 분석하는 다양한 방법을 말해 봅시다. –조사할 주제와 관련된 검색어를 생각해 보고 인터넷을 활용하여 자료를 찾아봅시다. –인터넷 자료를 토대로 인터뷰 질문을 만들어 봅시다. 각자의 흥미에 따라 사진 담당 기자, 면담 · 취재 담당 기자, 인터넷 담당 기자로 역할을 구분한 뒤 일일 기자 활동을 해 봅시다. –조사한 자료를 표현할 수 있는 다양한 방법을 생각해 봅시다. –자료의 핵심적 내용을 중심으로 다양한 방식을 활용하여 정리해 봅시다. –모둠별로 조사한 내용 중에서 가장(혹은 더) 중요한/심각한 것이 무엇인지를 정해 봅시다.
정리	–모둠이 선정한 탐구 주제를 소개하고, 패스트패션이 사회에 미치는 영향에 대한 조사 및 분석 내용을 발표해 봅시다.

이번 차시는 학습자가 사회과학 연구자들이 문제를 탐구하는 과정을 익혀 패스트패션이라는 주제와 관련한 사회적 영향을 분류하고, 탐구 주제를 설정하는 것으로부터 출발한다.

학습자는 탐구 주제와 관련하여 모둠별로 인터넷을 통한 문헌 조사, 면담 등의 방법을 활용하여 자료를 수집하고 분석한 뒤 중요도를 평가하여 발표한다. 이 과정에서 모둠원들은 하나의 모둠 과제를 해결하기 위해 서로 협력한다.

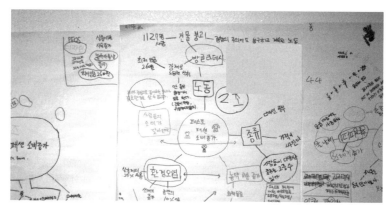

[그림 3-5] 사회 탐구 활동 사례(1)

실제 수업에서 학습자는 브레인스토밍을 통해 모둠별로 탐구할 과제를 찾았다. 이 과정에서 학습자는 환경, 노동 등 모둠별로 전 차시를 통해 알게 된 내용, 자신이 관심 있는 내용을 중심으로 사고를 확장시켰다. 브레인스토밍 후 모둠 내에서 문제의 중요성을 토의하여 최종 과제를 선정하였다.

모둠별로 탐구 주제를 정한 뒤, 이 주제에 관한 자료를 수집하였다. 인터넷을 통하여 신문 기사, 사진 자료 등을 수집하였고, 일일 기자 활동을 통해 면담 자료를 수집하였다. 학습자는 수집된 자료를 토대로 모둠별 발표 자료를 완성하였다.

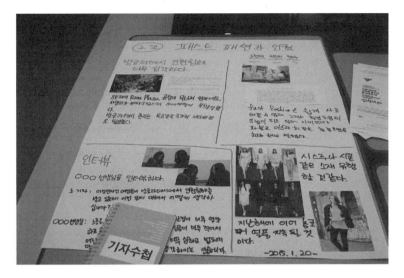

[그림 3-6] 사회 탐구 활동 사례(2)

• 수업 심화 · 확장하기

이 차시 수업은 '소비자로서 시민의 권리와 책임'으로 확장시킬 수 있다. 학습자는 패스트패션 소비가 사회적으로 어떠한 영향을 미치는지를 탐구하는 과정에서 도출하였던 소비의 사회적인 영향을 시민의 권리와 책임으로 구체화하고 체계화할 수 있을 것이다.

• 진로지도와 연결하기

학습자는 기자 활동에서 자신의 흥미와 관심에 따라 역할을 선택하게 된다. 진로지도와 관련하여 학습자 스스로 자신의 흥미와 관심을 파악하는 활동을 병행하면 자신의 적성에 대해 깨닫는 기회를 가질 수 있을 것이다.

- 프로세스폴리오 계획

1) 사회과학 연구자들 떠올려 보기: 내가 들어 본 사회과학 연구
   자들을 떠올려 본다.

2) 브레인스토밍하기: 전 차시에 배운 내용을 떠올리고, 자신이
   평소 관심 있었던 분야를 중심으로 생각을 확장하여 적는다.

3) 인터넷 조사 활동하기: 인터넷 검색을 통해 모둠에서 정한 주
   제를 조사하고, 관련 자료를 출력하고, 사진 등을 캡처하여 활
   동 자료로 구성한다.

4) 일일기자 활동하기: 자신의 흥미와 관심에 따라 역할을 정하
   여 각자의 역할에 맞는 활동을 한다. 면담기자의 경우, 면담
   참여자에게 모둠에서 도출한 질문을 하고, 사진기자의 경우
   면담 장면을 사진 찍어 생동감 있는 면담 상황을 보여 줄 수
   있도록 한다.

5) 모둠별 발표 자료: 사진, 면담 내용 정리, 인터넷 조사자료 정
   리 자료를 토대로 발표 자료를 구성한다. 어떤 내용을 헤드라
   인으로 할지, 어떤 내용을 넣고 뺄지 모둠별로 정한다.

- 기타 수업 진행상의 유의사항

인터넷 자료의 검색이나 면담을 하는 과정에서 특정 관점이 지
나치게 부각되거나 편향적인 접근이 이루어질 수 있음에 유의할
필요가 있다. 예를 들어, 패스트패션을 조사하는 과정에서 윤리적
소비만 강조하는 자료를 찾는 경우, 패스트패션이 갖는 의류산업
에의 기여 등의 긍정적 측면을 간과할 우려가 있다. 따라서 학습자
가 조사하는 과정에서 균형적 관점을 가질 수 있도록 안내해 주어

야 한다.

- **참고자료**

이 차시 수업 진행을 위하여 참고할 수 있는 자료

- Problem solving Loop

  http://jtentinger.pbworks.com/w/page/41210264/Problem%
  20Solving

- 패스트패션의 사회적 영향

  1) 아하경제, 패스트패션, 올바른 소비 트렌드일까요?

  http://ahaeconomy.com/News.aha?method=newsView&n_
  id=9091&cid=15&pid=1

  2) 미디어 오늘, 과잉소비와 자본주의

  http://www.mediatoday.co.kr/news/articleView.html?idxno=
  119489

9. 패스트패션 소비가 사회에
주는 영향 II

9. 패스트패션 소비가 사회에 주는 영향 II (13차시)

■ 수업개요

• 학습목표

　－환율을 고려하여 패스트패션 산업의 노동자 임금을 비교할
　　수 있다.

　－합리적 임금 체계의 요건과 임금 수준의 적합성을 위한 조
　　건을 조사하고 발표할 수 있다.

• 교육과정과의 관련성

－글에 사용된 다양한 설명 방법을 파악하며 읽는다.
－관찰, 조사, 실험의 절차와 결과가 드러나게 글을 쓴다.

－환율의 뜻을 알고, 환거래로부터 비례식을 활용하여 환율을 계산
　할 수 있다.
－환율의 변동에 따른 손익을 계산할 수 있다.

－국민경제 지표로서 국내 총생산의 의미를 이해하고, 국내 총생산
　의 증가가 우리 생활에 미치는 영향을 설명한다.
－국제 거래의 필요성을 이해하고, 이러한 교역 과정에서 환율이
　결정되는 원리를 이해한다.
－임금이 결정되는 요소 및 조건에 대해 이해한다.*
－합리적인 임금이 무엇인지에 대해 다양한 관점을 고려하여 설명
　할 수 있다.*

주) *는 교육과정에 명시되지 않은 성취기준

■교수 · 학습 과정

도입	−방글라데시 공장의 생산 노동자의 하루 일당 금액의 가치를 생각해 봅시다.
전개	−다른 나라의 경우를 조사하고 수집한 자료를 환율에 따라 계산한 후 동일한 화폐를 기준으로 비교해 봅시다. −각 나라의 물가에 대하여 노동자 임금의 비율이 어느 정도인지 계산해 봅시다. −합리적인 임금 체계의 요건과 임금 수준이 적합성을 가지기 위한 요소 및 조건을 조사해 봅시다. −적합한 임금을 각 나라별로 결정하고 현재에서 조정해야 하는 비율을 계산해 봅시다.
정리	−합리적 임금 체계에 대하여 배운 점을 발표해 봅시다.

이번 차시에서는 패스트패션 생산 노동자의 임금과 관련한 문제를 다룬다. 방글라데시의 노동자 임금 수준, GDP 등을 파악하고 이 임금의 가치를 생각해 본다. 아울러 우리나라와 방글라데시 등 나라별 물가와 임금 수준을 고려하는 과정에서 환율의 문제도 다룬다.

학습자는 이 수업을 통해 합리적 임금이라는 문제에 대해 생각해 보고, 합리적 임금의 요건이나 임금 수준의 적합성과 관련한 조건을 조사하고 발표한다.

• 수업 심화 · 확장하기

이 차시에서는 합리적 임금 체계에 대한 조사 활동과 그에 기반한 모둠별 토론을 확장하여 '임금의 결정 방식과 관련한 제도'를 주제로 학습할 수 있다. 예를 들어, 임금의 결정방식과 관련한 최저임금제도, 생활임금 결정방식, 집단적 협약임금, 연대 임금 제도 등을 조사하고, 모둠별 토론을 통해 합리적 임금과 관련된 문제를 이해하고, 그에 대한 대안을 모색해 볼 수 있다. 또한 이러한 임금 제도들이 노동시장에 미치는 영향에 대해 탐구하는 수업도 생각해 볼 수 있다.

• 진로지도와 연결하기

이 차시는 국제 거래를 담당하는 직업, 환율을 담당하는 직업 등과 연결하여 수업할 수 있다. 학습자는 나라 안에서의 거래뿐 아니라 나라 간 교역 과정에서 나타나는 직업에 대해서도 이해할 수 있다.

• 프로세스폴리오 계획

1) 환율 계산: 여러 나라의 임금을 조사하고, 이를 환율에 따라 계산하는 활동을 통해 환율의 의미를 이해한다.

2) 노동자 임금 비율 계산: 각 나라의 물가를 조사하고 물가를 고려해 보았을 때 노동자의 임금의 가치를 생각해 본다. 교사는 미리 몇 가지 사례를 조사하여 안내한다.

3) 합리적인 임금 체계의 요건: 인터넷 검색, 면담 등 사회과학 연구방법을 통해 조사하고, 정리하고, 모둠별로 종합하여 발표한다.

4) 모둠별 토의 자료 : 나라별로 적합한 임금 수준과 조정해야 하는 비율을 조사 자료를 토대로 토의하여 정리한다.

• 기타 수업 진행상의 유의사항

사회적 쟁점을 다루는 과정에서 특정 관점이 지나치게 부각되거나 편향적인 접근이 이루어질 수 있음에 유의할 필요가 있다. 특히 합리적 임금 체계의 요건이라는 주제에 대해서 학습자의 조사 자료가 어느 한쪽의 입장만 대변하는 측면으로 치우칠 수 있기 때문에 교사가 사전에 균형 있는 자료 조사를 통해 학습자에게 다양한 시각에서의 합리적 임금 체계의 요건을 생각해 볼 수 있게 할 필요가 있다.

• 참고자료

- 클릭 경제교육, 환율의 결정에 대한 이해
  http://eiec.kdi.re.kr/click/click/click_view.jsp?sendym=201503&idx=2094&pg=1
- 클릭 경제교육, 시장·사회적 현상을 고려한 임금의 결정
  http://eiec.kdi.re.kr/click/click/click_view.jsp?sendym=201503&idx=2209&pg=1

10. 내 옷은 어떻게 소비된 것인지 생각해 봤니?

"I shop therefore I am."

나는 소비한다. 고로 존재한다.

(사진가, Barbara Kruger)

10. 내 옷은 어떻게 소비된 것인지 생각해 봤니? (14차시)

■ 수업개요

• 학습목표

　－패스트패션과 관련하여 다양한 매체에 사용된 표현 방법 및 의도를 파악할 수 있다.

　－소비를 조장하는 광고 매체를 비판적으로 수용할 수 있다.

• 교육과정과의 관련성

－매체 지료의 효과를 판단하며 듣는다.
－글에 사용된 다양한 설명 방법을 파악하며 읽는다.
－글에 사용된 다양한 논증 방법을 파악하며 읽는다.
－매체에 드러난 다양한 표현 방법과 의도를 평가하며 읽는다.
－작품에서 보는 이나 말하는 이의 관점에 주목하여 작품을 수용한다.
－작품이 창작된 사회 · 문화적 배경을 바탕으로 작품을 이해한다.

■ 교수 · 학습 과정

| 도입 | －'옷'이나 '패션' 등과 관련하여 자신의 경험을 자유롭게 표현해 봅시다.
① 일상생활에서 옷과 관련한 자신의 경험에 대해 정리해 봅시다.
② 옷이나 패션에 관하여 정리한 내용을 바탕으로 자유롭게 발표해 봅시다. |

전개

- '패스트패션'과 관련된 광고를 보고, 생산자의 의도를 파악하고 비판적으로 수용해 봅시다.
① 관련 광고나 영상물의 줄거리, 독특한 기법 등을 정리해 봅시다.
② 영상물을 무비판적으로 보고 나면, 어떠한 소비 행위를 하게 될지 예측해 봅시다.
③ 영상물이 자극하고 있는 감정(욕망)이 무엇인지 비판해 봅시다.

- 시 「메갈로폴리스의 공룡들」을 광고와 함께 감상해 봅시다.
① 작품에 나타난 작가의 주제의식을 이해해 봅시다.
② 시적 화자의 입장에서 앞서 감상한 광고에 대해 어떻게 말할지 상상해 봅시다.

정리

- 수업 내용을 정리하고, 이와 관련하여 더 읽을 거리를 찾아봅시다.

14차시 수업은 '패스트패션'과 관련하여 앞 차시들에서 수행하였던 조사 활동이나 정보 습득을 기반으로 하여, 이러한 문제가 소비의 문제임을 인식하고, 이러한 소비를 자극하는 다양한 현대 소비 문명의 행태를 비판적으로 인식하도록 하는 수업이다. 이를 위하여 광고 매체에 사용된 다양한 기법들이 궁극적으로 지나친 소비를 조장하고, 광고 주체의 자본이나 이익을 위하여 사회의 자원을 낭비시키는 무비판적 소비를 추동하는 것임을 학습자가 깨닫도록 하고, 이를 문학 작품과 연계하여 성찰할 수 있도록 지도한다.

수업의 도입부에서는 일상생활에서 옷이나 패션에 민감한 학습자 자신의 경험을 되새기도록 하여 배경지식이나 경험을 활성화하는 데 목적이 있다. 그리고 이러한 과정에서 값비싼 옷을 살 때의 과소비 문제나 충분히 입을 수 있음에도 불구하고 유행이 지난 옷이 어떻게 버려지고 있는지 등에 대한 경험을 발표하도록 자연스

럽게 유도함으로써 수업 전체 내용을 이해하는 조직자로 활용할
수도 있다.

수업의 전개부에서는 영상물과 문학 작품을 활용하는 모둠 수
업으로 진행한다. 먼저 영상물 관련 활동은 과도한 소비를 조장하
는 측면에서 해당 광고를 비판적으로 이해하도록 하되, 비판 능력
이 부족한 학습자의 경우, "광고는 무조건 나쁜 것이다."와 같은 편
견에 빠지지 않도록 지도한다. 다음으로, 문학 감상 활동의 제재
인「메갈로폴리스의 공룡들」은 작품의 주제 의식이 직설적으로 드
러나 학습자가 작품을 이해하기에 비교적 쉬운 작품이므로 작품에
나타난 주제의식이 가장 직접적으로 반영된 부분을 찾아 이해하도
록 한 뒤, 상징적, 비유적 표현에 대한 이해로 확장해 가도록 지도
한다. 그리고 이러한 이해의 바탕 위에 '작품 속의 말하는 이(화자)'
가 광고에 대해 어떠한 생각을 하고 있을지를 상상해 보도록 하여
패스트패션이라는 전체 프로그램의 주제와 연계한다.

수업의 정리부에서는 수업 내용을 전반적으로 정리해 주고, 학
습자의 수준에 따라 수업 내용과 관련하여 상호텍스트적으로 이해
할 수 있는 읽기 자료를 제공하여 스스로 찾아 읽도록 유도한다.

[그림 3-7] 광고 매체를 활용한 활동 사례

· 수업 심화 · 확장하기

14차시 수업은 광고 매체에 대한 비판적 인식과 함께 이러한 인식을 구체화하고 내면화하는 한 방법으로 문학 작품을 제시하였다. 기본적으로 이 수업은 패스트패션에 대해서 서로 다른 두 매체로 접근하고 있는 셈이므로 두 차시로 구분하여 접근하는 것도 가능하다. 다만 이러한 경우에는 광고 매체의 비판적 이해를 위하여 1차시를 배분하고, 문학 작품의 이해와 관련하여 1차시를 배분하는 등의 확장이 가능하다.

먼저 전자의 경우에는 광고 매체의 매체 언어나 서사성 등에 더하여 음악이나 이미지 등에도 관심을 기울여 그 효과나 의도를 파악하도록 지도할 수 있다. 그리고 후자의 경우에는 작품에 대한 주제의식을 확인하는 것뿐만 아니라 비유나 상징 등과 관련하여 작가의 표현 기법과 의도를 연계하여 작품을 보다 심도 있게 이해하거나 학습자의 수준에 따라 작품을 평가하게 할 수도 있다.

기본적으로 이 수업은 한 차시에서 광고 매체와 문학 작품을 모두 다루되, 학년이나 학습자의 수준 등에 따라 다양한 주제의식과 종류에 따른 텍스트를 제시함으로써 상호텍스트적 읽기 활동을 의도하여 확장하는 것이 자연스럽다. 본시 수업의 분량상 비교적 한정된 텍스트로 패스트패션에 대한 문제를 다룰 수밖에 없기 때문이다. 이를 위하여 김덕호의 『욕망의 코카콜라』, 김철호의 『욕망, 광고, 소비의 문화사』, 에리히 프롬(Erich Fromm)의 『소유냐 존재냐』, 법정의 『무소유』 등의 텍스트들도 학습자의 수준이나 수업의 목적에 따라 자유롭게 선택하여 활용할 수 있을 것이다.

- **진로지도와 연결하기**

이 수업에서는 광고 매체에 대해 비판적으로 접근하였지만, 그러한 표현의 효과나 전략은 효과적인 언어 사용의 관점에서 원용할 수 있는 면이 있다. 이에 학습자에게 올바른 소비를 촉구하도록 하는 관점의 공익광고 등도 제시하여 광고에 대하여 폭넓은 관점을 형성하도록 하고, 광고 카피라이터 등의 직업도 장래에 선택할 수 있는 길임을 안내해 줄 수 있다.

- **기타 수업 진행상의 유의사항**

중학생도 소비나 욕망 등의 표현을 듣게 되면, 도식적으로 이를 비판적으로 반응해야 한다는 인식을 하는 경우가 있다. 이러한 관점에서 활동을 수행하게 되면 자칫 활동의 전개가 편향적으로 진행될 수 있으므로 매체를 수용한 결과에 기반하여 자신만의 주체적인 생각을 가질 수 있도록 수업 분위기를 형성할 필요가 있다.

- **참고자료**
- 광고1: 매우 다양한 종류의 옷을 마음대로 골라 입을 수 있다는 관점의 광고. 옷의 소중함이나 가치를 느낄 수 없게 함.
  http://channel.pandora.tv/channel/video.ptv?ch_userid=int
  yoner&skey=%EC%9C%A0%EB%8B%88%ED%81%AC%EB%
  A1%9C&prgid=49842073&ref=search&lot=prglist_2

- 광고2: 다른 패션 광고와 달리, 제품의 싼 가격을 강조함.
  https://www.youtube.com/watch?v=Aoa3WdTN8G0

https://www.youtube.com/watch?v=PvIpBm4TQ2w

−관련 언론 보도:

http://media.daum.net/economic/others/newsview?news
id=20130510211806706

http://tvpot.daum.net/v/OgPxhzr2sSU$

http://imnews.imbc.com/replay/2015/nw930/article/
3650612_14769.html

11. 기자가 되어 내 옷의 문제를
세상에 알리기

"사람들이 신문을 읽으면 그제야

세상에 대해서 무언가 경험할 수 있다."

(극작가, Peter Turrini)

11. 기자가 되어 내 옷의 문제를 세상에 알리기 (15~16차시)

■ 수업개요

• 학습목표

　－매체에 따른 텍스트의 특성 및 표현 방식을 이해할 수 있다.

　－패스트패션과 관련한 생각이나 경험을 기사문의 형식에 맞게 작성할 수 있다.

• 교육과정과의 관련성

－쓰기는 주제, 목적, 독자, 매체 등을 고려한 문제 해결 과정임을 이해하고 글을 쓴다.
－대상의 특성에 맞는 설명 방법을 사용하여 글을 쓴다.
－다양한 자료에서 내용을 선정하여 통일성을 갖춘 글을 쓴다.
－고쳐쓰기의 일반 원리를 고려하여 글을 고쳐 쓴다.
－쓰기 윤리를 지키며 글을 쓰는 태도를 지닌다.

■ 교수 · 학습 과정

도입	－ 자신이 알고 있는 신문기사에 대하여 말해 봅시다. － 신문기사의 영향력과 사회적 의미에 대해 알아봅시다.
전개	－ 신문기사의 특성과 형식 이해해 봅시다. ① 전형적 기사문을 읽고 기사문의 구조(표제－부제－전문－본문)를 찾아봅시다. ② 표제와 부제의 기능과 형식에 대해 알아봅시다. ③ 전문이 지닌 특성과 본문의 내용 구성 방식에 대해 알아봅시다.

전개	– 패스트패션 관련 신문 기사를 작성해 봅시다. ① 패스트패션과 관련하여 기사문으로서 의미 있는 내용을 정리해 봅시다. ② 기사문으로 표현하고 싶은 내용을 사실과 의견, 이야기로 나누어 정리해 봅시다. ③ 기사문의 제목, 전문, 본문을 작성해 봅시다. ④ 기사문의 구조를 고려하여 친구들의 기사문을 평가해 봅시다. ⑤ 친구의 의견을 바탕으로 하여 자신의 기사문을 수정하고 발표해 봅시다.
정리	– 수업에서 더 알고 싶은 내용을 질문하고 조사해 봅시다.

15차시 수업은 '패스트패션'과 관련하여 알게 된 다양한 사실이나 자신의 의견을 기사문으로 표현해 보는 활동이다. 이를 위하여 기사문의 영향력, 중요성 등에 대하여 알게 한 뒤, 기사문의 특성을 이해하고 한 편의 완결된 기사문을 작성해 보도록 한다.

수업의 큰 흐름은 기사문의 이해 활동을 수행한 뒤, 작성 활동으로 자연스럽게 진전되도록 하되, 프로그램의 융복합성을 향상시키기 위하여 영어 기사문을 작성하는 활동을 수행할 수도 있다. 다만

이러한 경우에는 패스트패션과 관련된 구문을 표현할 수 있도록 전형적인 표현이나 어휘 등에 대한 지도도 병행하는 것이 좋다.

국문으로 기사문을 작성하는 경우에 수업은 다음과 같이 진행할 수 있다.

수업의 도입부에서는 자신이 본 적 있는 신문 기사에 대하여 떠올리게 하여 배경지식이나 경험을 활성화하고, 이를 통해 신문 기사의 사회적 영향력이나 중요성 등에 인식할 수 있도록 유도한다. 이러한 도입 활동은 패스트패션과 관련한 문제점을 신문 기사로 나타내는 것이 유의미한 활동임을 학습자 스스로 내면화하는 데 도움을 주기 위한 것이다.

수업의 전개부에서는 기사문에 대한 이해 활동과 작성 활동으로 나누어 진행하도록 한다. 기사문은 텍스트로서의 갈래적 특성이 매우 뚜렷하게 나타나는 글이며 이러한 형식은 궁극적으로 어떠한 정보나 의견을 전달하는 데 효과적으로 고안된 형식이라는 점을 주지시킨 뒤 수업을 진행하도록 한다. 기사문의 전형적 구조인 '표제-부제-전문-본문-(해석)'의 순서로 기사문의 구조에 대한 이해와 작성을 순차적으로 진행하도록 한다.

수업의 정리부에서는 수업 내용을 전반적으로 정리할 수 있도록 질문을 제기하고 이에 대하여 답하도록 유도한다.

• 수업 심화 · 확장하기

15차시 수업은 신문이라는 매체 형식을 이해하고 이에 따라 사실이나 의견을 표현하도록 하는 수업이다. 이러한 수업은 이해와 표현을 모두 의도하고 있다는 점에서 이해와 활동을 각각 확장하

여 구성할 수도 있고, 융복합교육이라는 관점에서 표현의 수단을
영어로 채택함으로써 보다 폭넓은 확장을 의도할 수도 있다.

[그림 3-8] 기사문 작성 사례(1)

 특히 신문 기사의 작성을 영어로 시도하는 경우에는 기사문의
구조를 충분히 숙지한 뒤, 영어 기사문에서 빈출되는 표현이나 어
휘, 구문 등을 제시하고 이를 활용하여 자신의 생각을 표현하도록
하는 것이 좋다. 그리고 이러한 수업을 진행할 경우에는 국어과의
교사만으로 진행하기에는 실질적인 어려움이 따를 수 있으므로 팀
티칭으로 수업을 진행하여, 기사문에 대한 이해 활동은 국어과가
담당하고 작성 활동은 영어과가 담당하도록 하는 등의 역할 분담
이 가능하다.

 • 진로지도와 연결하기
 신문 기사 작성 활동은 언어 사용 기능 측면의 교육에 더하여 국

어나 영어 등 언어 중점 교과에서 권장할 만한 진로라고 할 수 있
다. 특히 학습자는 이 수업의 이전 차시에서 일종의 역할놀이와 같
이 기자의 역할을 수행해 가며 조사 활동을 진행한 적이 있으므로,
완성된 형태의 기사문을 작성하는 것은 진로의 탐색과 관련하여
긍정적인 경험을 형성하는 데 기여할 수 있다. 그리고 이러한 진로
지도를 강화하기 위하여, 학습자가 교사나 도우미 교사들의 기술
적 지원을 받을 수 있도록 계획하면 상품 광고 등도 포함한 보다 완
벽한 형태의 기사문을 작성하게 하는 것도 좋은 방법이다. 그리고
이렇게 작성된 기사문을 최종적으로 발표, 공유하는 등의 활동을
수행하면, 진로지도와 관련하여 학습자에게 보다 현실적인 감각과
함께 만족감을 주는 데 큰 도움이 된다.

[그림 3-9] 기사문 작성 사례(2)

• 기타 수업 진행상의 유의사항

　기사문은 기사문의 형식으로 표현하는 것도 중요하지만 학습자가 시각적으로 기사문이라고 인식할 수 있도록 하는 것도 수업의 집중도를 높이는 데 기여할 수 있으므로 이러한 측면도 교수 · 학습 요소로서 수업에 반영하는 것도 고려해 봄 직하다. 단, 이러한 면에 지나치게 집중하게 되면, 매체에 대한 기술적인 교육으로 흐를 가능성이 있으므로, 보조 교사나 도우미 교사 등을 통해 그래픽이나 이미지 편집 등의 기술적인 면을 돕도록 하는 것이 효과적이다.

12. 패스트패션에 관한 주제로
유튜브 동영상 만들기 I

"입술의 30초가 가슴에서는 30년을 갑니다."

(출처: 카네기 인간관계론)

12. 패스트패션에 관한 주제로 유튜브 동영상 만들기 I (17차시)

■ 수업개요

• 학습목표

－토의를 통해 탐구 문제를 해결하기 위한 방안을 도출할 수 있다.

－문제 해결의 방안을 영어 UCC 자료로 만들기 위한 협업 계획을 세울 수 있다.

• 성취기준

	－영상이나 인터넷 등의 매체 특성을 고려하여 생각이나 느낌, 경험을 표현한다.
	－친숙한 일반적인 주제에 관하여 자신의 의견이나 감정을 말한다. －일상생활이나 친숙한 일반적 주제에 관한 그림, 사진, 도표 등을 설명하는 간단한 문장이나 글을 쓴다. －간단한 일기, 편지, 광고문, 안내문을 쓴다. －서로의 의견을 존중하면서 적극적으로 토론에 참여한다.* －부여받은 과업을 책임 있게 수행하며 모둠원 간에 서로 격려하고 협력한다.* －지역사회나 세계의 문제 해결에 관심 있게 참여한다.*

주) *는 교육과정에 명시되지 않은 성취기준

■ 교수 · 학습 과정

도입	−패스트패션이 소비, 자기정체성, 임금, 환경에 미치는 영향에 관해 조사, 분석한 결과를 되돌아보고 정리해 봅시다.
전개	−패스트패션의 문제를 해결하기 위한 대안을 모둠 차원에서 토의해 봅시다. ① 지금까지 조사한 내용(소비, 자기정체성, 임금, 환경) 중 어떠한 주제를 선택할까? ② 선택한 주제에 관한 문제를 해결하기 위해 어떤 행동을 할 수 있을까? ③ 이러한 행동을 전세계 여러 나라 사람들에게 알리기 위해 UCC 자료를 만든다면 어떠한 내용을 담아야 할까?
정리	−실제로 영어로 UCC 자료를 만들어 인터넷에 게재할 계획을 세우고 역할을 분담해 봅시다. −다음 수업 전까지 5분 내외의 영상을 완성할 수 있도록 모둠원들 간의 스케줄을 조정해 봅시다.

17차시 수업은 학습자가 이전 수업에서 도출해 낸 바, 패스트패션이 사회적 차원에서 가지는 다차원적인 문제의 심각성에 대한 인식에 의거하여, 그러한 문제들을 해결하기 위한 적극적인 방법으로 인터넷을 통해 자신들의 생각을 전세계 동영상 플랫폼 시청자들과 공유할 간략한 동영상을 제작하는 활동이 주를 이룬다. 잠재적인 대상이 전세계의 시청자이기 때문에 영어 사용에 대한 자연스러운 당위성을 부여할 수 있다. 영어 표현 능력뿐 아니라, 학습자에게 창의성과 기술력, 문제 해결 능력을 요하는 융복합교육적인 효과도 기대해 볼 수 있다. 그러나 제한적인 수업 시간으로 인하여, 실제 UCC 제작은 학습자에게 숙제로 부여한다. 이 점에서 학습자에게

과업 부담이 급증할 수 있다는 점에 유념할 필요가 있다.

• 수업 심화 · 확장하기

17차시 수업에서는 소비, 자기정체성, 임금, 환경 중 가장 관심이 있는 주제를 모둠별로 자연스럽게 결정하도록 유도하고, 실제적으로 많은 시간 투자를 요하는 UCC 내용을 만드는 작업의 기본 틀을 제공하는 데에 초점을 맞춘다. 학습자가 각자의 역할을 확실히 인지하고 의미 있는 최종 결과물을 도출해 내기 위해서 어떤 내용과 어떤 협동과정을 거쳐야 하는지 체험을 통해 학습하도록 유도한다. 실제로 UCC 내용을 만드는 것이 여의치 않을 경우, 이미 웹상에 올라와 있는 관련 UCC 중에서 자신들의 선택한 주제와 가장 잘 어울리는 것을 찾아서 편집해 보는 것으로 수업을 대체할 수 있다.

해당 수업을 좀 더 연장된 차시로 심화, 확대하여 운영하고자 할 경우, 모둠별 미팅을 위한 세부 계획과 역할 분담을 확인하고, 이것을 약 2~3차시에 걸쳐 자세히 지도할 수 있다. 그 과정에서 학습자는 계속하여 다른 학습자와의 협동학습 과정과 개인적 성찰을 기록할 수 있다.

• 진로지도와 연결하기

패스트패션 산업이 지니는 문제점들을 분석하고 종합하는 활동을 하면서, 이 산업이 자신이 관심 있는 직업과 어떻게 관련될 수 있는지를 조사하고 생각해 보게 할 수 있다. 그리고 그러한 산업이 발전해 나가야 할 방향에 대하여 발표하거나 보고서를 작성하는 과제를 하게 할 수 있다.

- 프로세스폴리오 계획
－협동학습 활동지: 모둠원 각자의 역할과 미팅 계획을 기록

- 기타 수업 진행상의 유의사항

학습자가 최대한 창의성을 발휘하여 UCC 내용을 구성할 수 있도록 독려한다. 학습자가 단기간에 UCC를 제작하는 방법을 스스로 익힐 수가 없다면, 포스터를 만들거나, 시 혹은 신문 기사를 쓰는 등 다른 독창적인 방법을 선택할 수 있도록 허용한다.

- 참고자료
－학습자가 UCC 자료를 만드는 과정에 대해 질문이 있을 경우
  아래 제시된 자료를 참고하도록 한다.
  https://www.youtube.com/watch?v=XiQr5efiW7o
  https://www.youtube.com/watch?v=bgndSmYPO78
  https://www.youtube.com/watch?v=woRwTMF5Iks

13. 패스트패션에 관한 주제로 유튜브 동영상 만들기 Ⅱ

세상에 금도 있고 진주도 많지만

지혜로운 입술이 더욱 귀한 보배이다

– 성경 –

13. 패스트패션에 관한 주제로 유튜브 동영상 만들기 II (18차시)

■ 수업개요

• 학습목표

모둠별로 제작해 온 영어 UCC 자료를 발표할 수 있다.

제작한 UCC 자료를 인터넷 사이트를 활용하여 공유할 수 있다.

• 성취기준

–영상이나 인터넷 등의 매체 특성을 고려하여 생각이나 느낌, 경험을 표현한다.

–친숙한 일반적인 주제에 관해 그림, 표, 도식 등을 활용하여 설명한다.
–친숙한 일반적 주제에 관해 자신의 의견이나 감정을 쓴다.
–모둠 발표 활동에 적극적으로 참여한다.*
–다른 모둠의 발표에 대하여 관심 있는 피드백을 제공한다.*
–협동과정을 성찰에 적극적으로 참여하여 의견을 교환한다.*
–주어진 피드백을 활용하여 UCC를 개선한다.*

주) *는 교육과정에 명시되지 않은 성취기준

■ 교수 · 학습 과정

전개 1

각 모둠별로 제작해 온 UCC 자료를 다른 학습자 앞에서 발표해 봅시다.
–다른 모둠이 발표할 때에 시청자로서 UCC 내용에 대해 피드백을 제공한다고 생각하고, 동료 평가를 해 봅시다.

전개 2

모둠별로 제작한 UCC 자료를 만드는 협동과정에서 가장 잘된 점과 가장 아쉬웠던 점을 서로 이야기해 봅시다.
다른 학습자의 피드백을 바탕으로 우리 모둠의 UCC 자료를 어떻게 더 발전시킬 수 있는지 서로 이야기해 봅시다.
자료를 편집할 필요가 있을 경우 간단히 편집을 마무리한 뒤, 인터넷 사이트에 동영상을 업로드해 봅시다.

• 수업의 개관

해당 수업은 학습자가 직접 제작한 UCC 자료를 서로 발표하고 실제로 웹상에 자신들이 제작한 자료를 올리는 것을 그 목적으로 한다. 해당 수업은 학습자가 기존에 있는 동영상 자료가 아니라 자신들이 직접 구성한 내용을 바탕으로 전 세계에 있는 시청자들을 대상으로 영어를 활용하여 패스트패션이 가지는 사회적 문제점들에 대해 적극적인 행동을 취할 것을 촉구한다는 데에 그 의의가 있으며, 이것은 영어 구사 능력의 향상뿐만 아니라 학습자에게 세계 시민의식과 창의성을 동시에 길러 줄 수 있는 융복합교육적인 측면을 지닌다.

• 수업 심화 · 확장하기

해당 차시 수업은 학습자가 과제로 완성해 온 UCC의 내용을 보고 서로 피드백을 주고받으며, 협동학습의 과정을 몸소 체험해 보는 것이 주요 목적이다. 그렇기 때문에 발표 및 토론 과정에서 모든 학습자가 고르게 참여하는 것이 중요하며, 마지막에 수업 중 인터넷 사이트에 UCC를 업로드하는 것이 시간적 제한으로 인해 불가능할 경우, 모둠별로 숙제로 내 주고 교사는 웹을 통해 확인할 수 있다.

해당 수업을 좀 더 연장된 차시로 심화, 확대하여 운영하고자 할 경우, 수업 후반부에 해당하는 모둠별 토론 시간을 2차시에 걸쳐 세분화하여 진행할 수 있겠다. 학습자가 다른 학습자가 준 피드백을 바탕으로 자신들의 협동학습 과정을 뒤돌아보고 그것을 기록하는 것을 하나의 차시로 놓고, 그러한 기록을 바탕으로 자신들의 UCC 내용을 다 같이 편집하여 인터넷 사이트에 올리는 과정을 다른 하나의 차시로 놓으면 그 과정에서 학습자는 계속하여 다른 학습자와의 협동학습 과정과 개인적 성찰을 기록하여 프로세스폴리오 제작 시 활용할 수 있겠다.

- 진로지도와 연결하기

어떤 직종에 근무하든지 협동 작업을 많이 하게 됨을 상기시키고, 모둠 활동에 적극적으로, 책임성 있게 참여하도록 격려한다. 특히 경험을 통하여 학습하고 개선해 나가는 과정에서 '공동선'을 추구할 수 있어야 함과 동시에 서로 격려하는 '공동체 정신'을 함양함이 모든 세상살이에 도움이 됨을 상기시킨다.

- 프로세스폴리오 계획

해당 수업 내용과 관련하여 프로세스폴리오에 포함될 수 있는 기록물은 기본적으로 모둠원들 모두가 참여하여 제작한 UCC 자료와 수업활동지가 있다.

• 기타 수업 진행 상의 유의사항

UCC에서 사용할 수 있는 언어는 영어로 통일하고 학급 내에서 발표를 할 때에도 영어로 할 수 있도록 학습자를 독려한다. 미리 발표 대본을 준비하는 경우, 모르는 표현이나 문장은 최대한 모둠원들끼리 해결해 보되, 모둠 내에서 해결이 힘들 경우에 교사에게 개별적으로 도움을 받을 수 있도록 한다.

• 참고자료

– 학습자가 UCC 자료를 업로드하는 과정에 대해 질문이 있을 경우 아래 제시된 자료를 참고하도록 한다.

https://www.youtube.com/watch?v=Hlxqk0iHp5w

https://www.youtube.com/watch?v=EMthKCdZSLs

https://www.youtube.com/watch?v=Z3_Zm_K2edc

199

14. 프로세스폴리오 발표하기

14. 프로세스폴리오 발표하기 (19~20차시)

■ 수업개요

• 학습목표

–패스트패션에 대한 자신의 생각과 주장을 프로세스폴리오로 정리할 수 있다.

–프로세스폴리오를 발표하고 평가할 수 있다.

■ 교수 · 학습 과정

도입	–프로세스폴리오를 정리하고 완성해 봅시다. –정리한 프로세스폴리오 중에서 1~2개를 함께 감상해 봅시다.
전개	–개인별로 프로세스폴리오를 발표해 봅시다. –동료의 작품에 대하여 논평해 봅시다.
정리	–선생님의 총평을 통해 프로세스폴리오 제작의 의의에 대해 생각해 봅시다. –다른 선생님 또는 부모님으로부터 프로세스폴리오에 대한 피드백을 받아 봅시다.

• 수업의 개관

19~20차시 수업은 17~18차시에 이루어진 UCC를 제작 · 발표의 결과를 프로세스폴리오에 추가하고 모둠에서 이루어진 문제 해결 방안을 중심으로 자신의 생각을 정리 · 기록하여 프로세스폴리

오를 완성한다. 이번 수업의 주안점은 학습자가 자신의 작품을 발표하고 동료의 발표를 들으면서 논평을 하는 것이다. 논평은 학습자에게 경청과 비판적 시각을 제공하므로 학습자가 자유롭게 논평할 수 있도록 안내한다. 모든 발표와 논평이 끝나면 작품을 전시하여 패스트패션의 긍정적인 측면과 문제점, 이를 해결하기 위한 대안을 많은 사람들과 공유할 수 있도록 준비한다.

• 수업 심화 · 확장하기

다른 학습자와 교사, 학부모를 초대하여 프로세스폴리오 발표 시간을 가질 수 있다. 이를 통해 수업에 참여한 학습자는 의사소통 역량을 함양할 수 있고 패스트패션에 대한 자신의 관점을 밝힘으로써 자율적 실천 역량도 강화될 수 있다. 이때 참석자 모두에게 논평할 수 있는 기회를 제공하면 학습자는 더 다양한 피드백을 받을 수 있고 다양한 쟁점들에 대하여 더욱 비판적인 시각을 가질 수 있다.

• 진로지도와 연결하기

프로세스폴리오를 완성하고 발표하는 과정에서 학습자는 미래에 가능성 있는 직업세계를 생각해 볼 수 있다. 기업가, 사회 운동가, 패션 디자이너, 평론가 등 다양한 직업 세계를 제시할 수 있다.

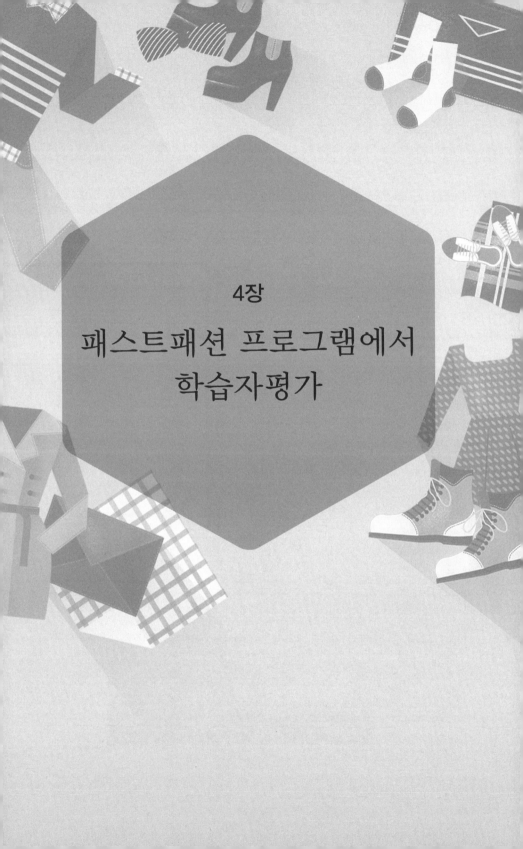

4장

패스트패션 프로그램에서
학습자평가

　최근 2015 개정 교육과정 총론에서는 미래사회에 필요한 창의·융합형 인재의 양성을 위해서는 학교교육에서 인지적 영역에 대한 강조를 넘어서 가치와 태도, 삶을 영위하기 위한 능력의 계발을 통해 "학교 교육 전 과정을 통해 중점적으로 기르고자 하는 핵심역량" (교육부, 2015a, p. 2)을 강조하고 있다. OECD의 DeSeCo(Definition and Selection of Competencies) 프로젝트가 강조하는 학습자의 핵심 역량함양을 위한 학교교육의 변화를 강조하면서 핵심역량 교육과정의 성패가 평가방식에 달려 있고, 평가방식의 변화와 교육과정, 교수·학습, 평가의 일관되고 총체적인 교육혁신에 대한 기대를 반영하고 있다(김경자 외, 2015; 이근호, 2011; 최상덕, 2013). 또한, 최근 우리나라 교육과정에서 강조하는 과정중심평가는 학습자의 강점과 부족한 점을 파악하기 위해서 정확한 정보를 수집하고, 수업에 참여하는 학습자의 수업실행 전반에 관련된 고등사고력이나 협력적 문제 해결 능력을 중요하게 다루며 학습의 결과뿐만 아니라 과정의 일부가 되어 학습자가 능동적으로 학습하는 것을 돕는다(교육부, 2015a). 이러한 최근 교육평가동향을 반영하여 융복합교육에서 평가는 분절된 지식을 수동적으로 찾아내기보다는 학습자 스스로 능동적이고 자율적인 참여를 통하여 지식을 구성하는 특징을 가진다. 즉, 융복합교육에서 평가는 학습과정에서 다양한 학습자의 참여를 모니터링하고 학습목표에 도달할 수 있도록 융복합 역량의 함양을 목표로 하여 학습의 과정에서 학습자의 전인적 발달을 다각적으로 반영할 수 있는 과정 중심 평가를 지향한다.

[그림 4-1] 융복합교육에서 학습자평가의 목표

앞의 [그림 4-1]과 같이 융복합교육에서 학습자평가의 목표는 융복합교육 프로그램을 통해 성취된 융복합역량의 함양을 측정하는 것이다. 앞서 3장에서 소개한 융복합교육의 목표를 차원으로 하는 역량 중심 평가기준은 [그림 4-2]와 같이 평가기준으로 구성하였다.

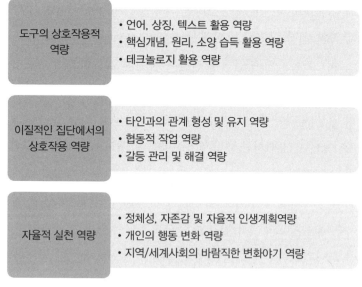

[그림 4-2] 융복합목표 차원의 역량 중심 평가기준

차윤경 외(2014)가 융복합교육의 목표 차원에서 제시하고 있는 '도구의 상호작용적 역량' '이질적 집단에서의 상호작용 역량' '자율적 실천 역량'을 중심으로 차시별 학습 내용과 목표를 재구성할 수 있다. 관찰을 통하여 융복합교육 프로그램에 참여하는 학습자의 자율적 탐구와 이해, 실천의 증거를 수집하여 비형식적 평가의 방법을 적용한다. 또한 융복합교육 프로그램에 참여하는 단계부터 최종 결과물 발표시간까지 모든 수행 과정의 변화, 성장, 태도의 변화 과정을 근거로 과정 중심 평가를 지향한다. 이와 같이 융복합평가는 학습자의 학습 성과에 대한 정보와 더불어 교사가 제공한 융복합교육 프로그램의 질에 대한 점검 활동이 될 수 있으며 앞으로 제공될 융복합교육이 좀 더 내실 있게 개발될 수 있도록 피드백을 제공한다. 이는 융복합교육의 성공적 실천에서 평가의 중요성을 보여 주며, 달리 말하면 평가의 기능이 충실히 실현될 수 있는 방식으로 평가활동을 계획하고 실행하는 것이 융복합교육을 통한 수업 개선의 핵심이라 할 수 있다. 지식의 능동적 생산이 융복합교육의 핵심적 측면이라는 점을 고려할 때, 융복합교육의 평가에서는 학습결과물과 더불어 결과물을 만들어 가는 과정에 대하여 학습자의 전인적 발달을 다각적으로 반영할 수 있도록 종합적으로 평가하는 것이 중요하다. 이러한 관점에서 이 프로그램에서는 차시별 학습 활동 평가 방법과 더불어 최종적인 총괄 평가 방법을 활용하였다.

이 장에서는 융복합교육의 관점에서 역량 중심 평가의 특징을 살펴보고, 이러한 관점에서 이 패스트패션 프로그램에서는 차시별 학습 활동과정을 평가할 수 있는 '관찰평가' 방법과 더불어 최종결과물까지의 학습의 성과과정을 평가할 수 있는 '프로세스폴리오'에

의한 평가 방법을 적용하고 소개하고자 한다.

1. 패스트패션 프로그램에서 융복합 역량 평가하기

이 패스트패션 프로그램에서는 앞서 3장에서 소개한 수업 계획 중 평가항목을 구체화하여 차시별로 평가기준을 적용하는 것이 가능하다. '도구의 상호작용적 역량'은 패스트패션 프로그램의 가상 쇼핑활동에서 수집한 자료의 표현, 환경오염에 영향을 주는 요인과 기준에 대한 이해, 컴퓨터를 활용하여 정보를 검색하고 이를 원하는 형태로 표현하고 기록하는 과정에 대한 평가가 가능하다. '이질적 집단에서의 상호작용 역량'은 자신의 의류 구매기준과 이유를 모둠에서 발표하고, 모둠별로 쟁점을 분류하고 문제 해결과정을 찾아 가며 소통하고 협력하며 수행에 참여한 정도를 근거로 평가할 수 있다. 마지막으로, '자율적 실천 역량'은 패스트패션에 대한 소비가 나, 사회, 환경 등에 미치는 영향을 탐구함으로써 세계시민으로서 문제를 인식하고, 대안을 자율적으로 탐색하는 과정을 통해 평가할 수 있다. 다음 [그림 4-3]은 패스트패션 프로그램에서 융복합 역량을 중심으로 평가한 사례이다. 패스트패션과 관련된 동영상을 시청하면서 브레인스토밍과 마인드맵 활동을 통해 다양한 쟁점을 탐구하는 활동으로 구성된 수업에서 적용한 평가항목이다.

역량	평가항목		평가결과
도구의 상호작용적 역량	언어, 상징, 텍스트 활용 역량	• 마인드맵에 제시할 단어를 효과적으로 구성하여 표현하는가?	패스트 패션을 입녁 다뤄로 주제로 구성함.
	핵심개념, 원리, 소양 습득 활용 역량	• 마인드맵을 위해 나열한 단어들을 효과적으로 범주화하고 그 과정을 설명하는가?	마인드 맵과 정리로 동반인
	테크놀로지 활용 역량	• 동영상 매체를 활용하여 패스트패션과 관련된 기사를 찾는가?	개인, 추가, 기업으로 분류함.
이질적 집단에서의 상호작용 역량	타인과의 관계 형성 및 유지 역량	• 자신이 구상한 마인드맵의 결과를 효과적으로 소통하였는가?	모둠별 발표로 동해 결과를 전달
	협동적 작업 역량	• 모둠별로 수집한 자료를 종합하고 범주화하기 위한 협력 작업에 효과적으로 참여하였는가?	조장의 역할을 하며 참여가 저조한 친구를 친여하도록 참여가 있도록
	갈등 관리 및 해결 역량	• 모둠별 협력 작업이나 전체토론 맥락에서 자신과 다른 의견이나 방법이 등장하였을 때 협의를 통해 효과적으로 의견을 조정하였는가?	시간이 지날수록 협업이 나타남.
자율적 실천 역량	정체성, 자존감 및 자율적 인생계획 역량	• 자율적으로 문제해결 계획을 세웠는가?	기사(신문)를 통해 계획
	개인의 행동 변화 역량	• 마인드맵 활동을 통해 패스트 패션의 문제점을 인식하고 자신이 실천할 수 있는 행동과 의식 변화를 위한 계획을 세울 수 있었는가?	다양한 견해를 관하여 기사를 봄 각성
	지역/세계 사회의 바람직한 변화 야기 역량	• 환경오염과 노동자 인권과 관련된 문제의 원인을 비판적으로 인식하고 대안과 해결책 제시의 필요성을 인식하였는가?	패스트 패션과 삶의 관련성을 이해하는 기사문에 반영함

[그림 4-3] 역량 중심 평가사례

2. 패스트패션 프로그램에서 관찰평가하기

융복합교육에서 관찰평가는 융복합교육의 특징을 잘 반영하고 있는 평가이다(박영석, 신혜원, 2016). 관찰평가는 학문적 지식과 같은 인지적 측면뿐 아니라 다양한 측면의 역량에 대해 측정이 가능하다. 특히 관찰 기록을 통한 평가는 학습자 및 학습자가 참여한 모둠에 대한 상세한 활동 정보를 제공한다. 본 패스트패션 프로그램에 참여한 학습자의 학습과정에 대한 변화와 성장, 태도, 수행과정, 참여에 관한 정보를 체계적으로 관리하기 위하여 관찰평가 평가기준은 다음과 같이 구성되었다. '능동성' '다양성' '통합성' '맥락성'

'협력성'을 포함하는 영역에 대하여 각 영역별로 주요한 학습자 성향을 구체화하여 그에 대한 평가 결과를 양적·질적으로 정리하도록 하였다.

〈표 4-1〉 관찰을 통한 평가기준

평가 영역	평가 항목	평가 결과
능동성	• 자신의 역할을 분명하게 하고 능동적으로 참여하는가? • 문제 해결에 대한 자기 기대가 높은가? • 스스로 계획하고 조정하며 실행하는가?	/5
다양성	• 다양성에 대해 얼마나 열린 태도를 보이는가? • 다양한 견해와 입장을 잘 이해하여 활용하는가?	/5
통합성	• 관련 요소를 연결 지어 접근하는가? • 다양한 참여자의 견해를 활용한 봉합적 이해를 추구하는가?	/5
맥락성	• 학습내용을 삶의 맥락과 관련지어 접근하는가? • 서로 다른 맥락(개인/지역/세계사회적)을 구분하고 근거를 밝히는가?	/5
협력성	• 협력적 관계를 유지하면서 작업을 성공적으로 수행하는가? • 수행과정에서 이견과 갈등을 조정하고 대안을 제시하는가?	/5
도구의 상호 작용적 활동	• 언어 및 텍스트를 활용하여 자신의 아이디어를 효과적으로 표현하는가? • 교과 주제와 관련된 핵심 개념 원리를 이해하고 활용하여 문제를 해결하는가? • 다양한 테크놀로지를 활용하여 아이디어를 창의적 결과물로 산출하는가?	/5

종합 의견:

앞의 평가기준의 범주는 융복합교육이 지향하는 교육적 비전에 따라 구체화된 요소들을 포함하고 있다는 점에서 서로 연관성을 갖는다. 예를 들어, 다양성, 통합성, 협력성의 평가 항목은 이질적 집단에서의 상호작용 역량을 평가하는 항목과 의미하는 바가 상통한다. 능동성, 맥락성의 평가 항목은 자율적 실천 역량에 대한 평가 항목과 의미하는 바와 일맥상통한다. 즉, 융복합 프로그램 참여자 간의 다양성에 대한 이해와 존중(다양성), 협력과 이견에 갈등 조정과 대화 관계의 형성(협력성), 학습자의 삶의 맥락과 다양한 맥락으로의 확장(맥락성), 학습자의 능동적 학습참여 추구(능동성)이 평가 범주가 된다.

이와 같이 이 패스트패션 프로그램에서 제시한 두 평가기준이 융복합교육의 개념과 교육적 지향점에 비추어 볼 때 서로 연관성을 갖지만 차별화되는 부분도 있다. 예를 들어, 차시별 평가에 사용했던 평가기준에서 등장하는 도구의 상호작용적 역량은 교과의 핵심개념, 원리, 소양의 습득 및 활용 역량에서 학습자의 성취에 초점을 맞추는 데 반해 앞의 총괄평가기준에서는 이와 관련된 평가가 드러나 있지 않다. 이 프로그램에서는 프로그램에서 이루어진 학습을 전반적으로 총괄하는 평가에서 구체적인 역량보다는 융복합교육이 지향하는 학습의 핵심적 요소에 대한 달성 정도를 준거로 한다는 취지에서 앞의 평가기준을 활용하였다.

다음은 융복합교육 활동의 평가기준을 적용한 관찰평가 사례이다.

학습목표		(別)		평가 내용		
· 패 스 트 패 션 과 관 련 된 문 제 상 황 과 쟁 점 을 이 해 한 다. · 패 스 트 패 션 과 관 련 된 문 제 상 황 과 쟁 점 을 알 고 분 석 한 다. · 탐 구 결 과 에 합 당 한 근 거 를 바 탕 으 로 의 사 소 통 하 고 결 정 한 다.	능동성	✓ 매우 우수	O 우수	O 보통	O 미흡	O 매우 미흡
		약간은 스스로 찾아서 매우 능동적으로 참여함.				T
	다양성	✓ 매우 우수	O 우수	O 보통	O 미흡	O 매우 미흡
		친구들의 견해를 듣고 관계함				—
	통합성	O 매우 우수	✓ 우수	O 보통	O 미흡	O 매우 미흡
		자신만의 의견이나 창의나 추가나 다른 부족 친구와의 견해를 종합하게는 능력이 보임.				—
	맥락성	O 매우 우수	O 우수	✓ 보통	O 미흡	O 매우 미흡
		이걸 맥락으로 연결시키는 것을 좀더 자세한 안내있음				—
	협력성	O 매우 우수	✓ 우수	O 보통	O 미흡	O 매우 미흡
		서로 의견은 정리 배려하고 본인이 하려한것은 잘 전달함				✓
	도구의 상호작용 적 활용	✓ 매우 우수	O 우수	O 보통	O 미흡	O 매우 미흡
		문서, 그림·그래프 등에서 술라 작성하는 것은 매우정함. 컴퓨터 활용능력이 뛰어남.				

종합 의견: 위의 평가 항목과 일치하지 않으나 융복합교육의 목표에 비추어 주목할 만한 행동이나 역량이 나타난 경우 종합의견으로 제시하여주십시오..

문제제기에서 시고과정과 선정에 정리하는 경향. 문제에 따르는 듣고 취합하는 듯한 모습에서 기여됨도 보임. 좀 들어보다 하며, 앗 조예도 지나쳐서의 의견이 분받거나 신중함이 그걸 되려보니 다른 의견은 통해 대응성도 좀 소화하고 그것은 통해 서약은 잘 요청함.

[그림 4-4] 관찰평가 사례

본 패스트패션 프로그램에서 각 차시마다 제시하고 있는 평가 기준은 활동이나 수행 결과를 부분적으로 나누어 평정하는 방식인 분석적인 채점 방식을 반영하고 있다. 따라서 각 차시별로 또는 주기적으로 학습자의 학습에 대한 교사의 평가 의견을 정리하여 프로세스폴리오 평가에 반영할 수 있다. 이 사례에서는 정량적 점수를 제시하였고 정량적 점수는 교사, 학습자 등 평가에 참여했던 다양한 평가자들의 정량적 평가 결과의 평균을 산출하여 기록하는 방식을 취하였다. 관찰교사는 학습자의 참여관찰을 통해 평가 의견을 기술하면서 평가 의견을 뒷받침할 수 있는 근거를 제시함으로써 학습자의 성취에 대하여 구체적인 피드백을 제공하고 있다.

3. 패스트패션 프로그램에서 프로세스폴리오 평가하기

포트폴리오는 학습목표를 달성하기 위한 학습의 과정을 기록하거나 학습의 증거들을 수집하는 과정이다(McMillan, J. H., 2015). 평가자는 포트폴리오를 통해 학습자의 학습에 대한 인지적·정의적 측면의 조언이 가능하며, 학습과정과 결과에 대한 발전적 방향의 피드백을 제공할 수 있다. 또한 학습자의 다양한 역량을 측정할 수 있으므로 융복합교육의 목표에 도달 여부를 확인할 수 있는 평가 방법이라고 할 수 있다. 본 패스트패션 프로그램에서는 차시별 관찰평가와 더불어 프로세스폴리오를 바탕으로 하여 형성평가 및 총괄평가를 수집하였다. '프로세스폴리오(processfolio)'란 완성된 결과물만 다루는 포트폴리오에 포트폴리오를 만들어 가는 과정에서 학습자가 거치는 중간 산출물이나 그에 대한 성찰, 사진, 활동, 교사나 동료 피드백 자료 등을 포함하는 것이다. 프로세스폴리오는 학습자의 학습과정과 성장에 대한 평가 자료를 제공하며, 학습자의 인지 활동과 메타인지, 자기체제 사고까지 촉진함으로써 학습

동기와 학습결과에 대한 책임감과 발전 가능성에 대한 긍정과 자신감을 성취할 수 있도록 한다(성치경, 2009). 이러한 프로세스폴리오에 포함할 항목은 학습자와 교사가 함께 협의하여 결정하며 각 산출물에 대해 학습자가 작성하는 학습일지는 학습에 대한 반성과 성찰, 학습하면서 가장 도움이 되었고 도전적이었던 내용, 배운 교과내용을 교과 밖에서 활용한 방법들을 포함할 수 있다. 패스트패션 프로그램 프로세스폴리오에 포함될 수 있는 학습자의 자기 성찰 질문의 예시는 다음 [그림 4-5]와 같다.

또한, 학습자가 패스트패션 프로그램에 참여하면서 알게 된 매 차시의 학습결과물에 대한 피드백을 통해 칭찬과 용기를 줄 수 있고, 추가 질문을 통해 학습을 상기시키거나 다음 차시로의 연결성을 유도할 수 있다. 그러므로 프로세스폴리오는 자율적 탐구와 능동적 참여를 자연스럽게 유도할 수 있으므로 학습과 평가를 통합

1단계	• 오늘 수업을 하며 새롭게 알게 된 점에 대해 이야기해 봅시다. • 오늘 수업에서 인상적이었던 점은 무엇이었는지 그 이유와 함께 이야기해 봅시다.
2단계	• 오늘 수업에서 새롭게 배운 점, 인상적이었던 점은 무엇이었습니까? 이런 생각이나 느낌들이 여러분의 생활 속에 어떻게 적용될 수 있을지 이야기해 봅시다.
3단계	• 패스트 패션과 관련된 다양한 활동을 통해 옷을 사고 파는 행동이 우리의 생활과 얼마나 복잡하게 연결되어 있는지 생각해 보았습니다. 앞으로 여러분의 옷을 사거나 버릴 때 어떤 행동을 취할 수 있을지, 그리고 그렇게 생각하게 된 계기에 대해서 이야기해 봅시다.

[그림 4-5] 프로세스폴리오를 위한 자기 성찰 질문 예시

시킬 수 있는 대표적인 사례라고 할 수 있다. 앞의 [그림 4-5]에 제시된 자기 성찰 질문을 통해 패스트패션 프로그램 수업에 참여하여 알게 된 점, 인상적이었던 점들을 스스로 기록해 봄으로써 수업을 통한 인식과 태도의 변화와를 확인할 수 있다. 또한 다음 [그림 4-6]에 학습자 성찰 사례에 같이 평가교사와의 상호작용과 피드백을 통해 격려와 학습동기를 부여할 수 있다.

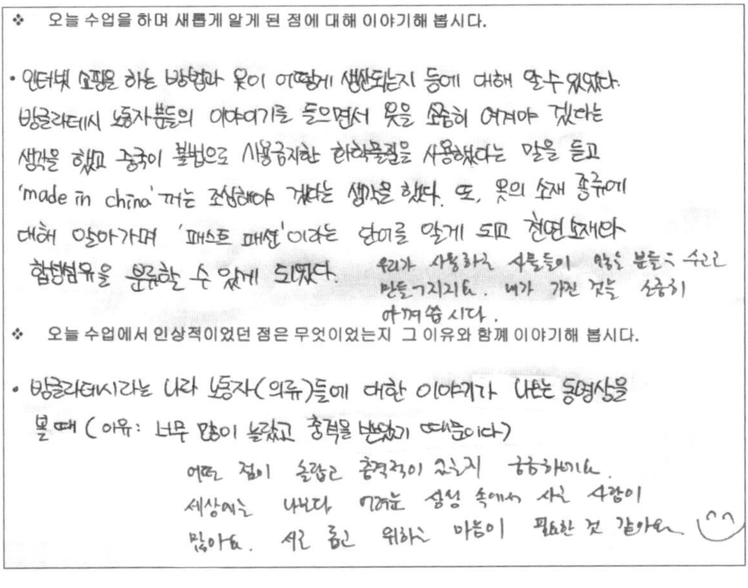
❖ 오늘 수업을 하며 새롭게 알게 된 점에 대해 이야기해 봅시다.

• 인터넷 쇼핑을 하는 방법과 옷이 어떻게 생산되는지 등에 대해 알 수 있었다. 방글라데시 노동자분들의 이야기를 들으면서 옷을 소중히 여겨야 겠다는 생각을 했고 중국이 불법으로 사용금지한 화학물질을 사용했다는 말을 듣고 'made in china' 꺼는 조심해야 겠다는 생각을 했다. 또, 옷의 소재 종류에 대해 알아가며 '패스트 패션'이라는 단어를 알게 되고 천연소재와 합성섬유을 분류할 수 있게 되었다.

우리가 사용하는 사물들이 많은 분들의 수고로 만들어지지요. 내가 가진 것들 소중히 아껴 씁시다.

❖ 오늘 수업에서 인상적이었던 점은 무엇이었는지 그 이유와 함께 이야기해 봅시다.

• 방글라데시라는 나라 노동자(의류)들에 대한 이야기가 나오는 동영상을 볼 때 (이유: 너무 많이 놀랐고 충격을 받았기 때문이다)

어떤 점이 놀랍고 충격적이었는지 궁금하네요. 세상에는 나보다 어려운 상황 속에서 사는 사람이 많아요. 서로 좀 더 위하는 마음이 필요한 것 같아요 ^^

[그림 4-6] 패스트패션 프로그램에 대한 학습자 성찰 예시

또한 위 [그림 4-6]의 학습자 성찰 예시와 같이 평가교사와의 상호작용과 피드백을 통해 격려와 학습동기를 부여할 수 있다. 학습자의 프로세스폴리오에 피드백을 통해 학습자의 사고를 확장시키는 발문을 제시할 수 있고, 활동에 대한 피드백을 통해 오개념을 수정하고 개선시킬 수 있는 발문도 제시하는 것이 가능하다.

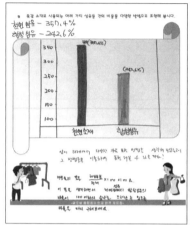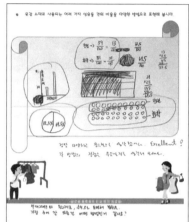

[그림 4-7] 프로세스폴리오 활동지 피드백 예시

위 [그림 4-7] 자료에서 볼 수 있듯이, 학습 결과 물뿐만 아니라 학습과정에 대한 기록을 정리함으로써 프로세스폴리오는 학습자의 인지체계와 메타인지, 자기체제 사고력에 걸쳐 강점과 약점, 학습스타일의 특징 등을 진단하고 학습자의 성장 정도와 성장가능성을 확인하여 교사와 학습자가 학습에 대해 소통하는 데 유용한 자료로 활용될 수 있다.

마지막으로 프로세스폴리오를 검토하고 평가할 때에는 교사와 학습자뿐만 아니라, 동료집단, 부모, 지역사회 전문가를 포함하여 학습자의 성취와 발전가능성을 다양한 관점에서 진단하는 것이 효과적이다. 예를 들어, 최종 프로세스폴리오를 발표하는 수업에서 학급전체 또는 모둠별로 동료평가를 실시할 수 있다. 프로세스폴리오가 만들어져 가는 과정과 마지막 결과물을 학부모와 공유할 수 있다면 학부모 역시 학습자의 프로세스폴리오 평가에 참여할 수 있을 것이다.

[그림 4-8] 포트폴리오 작성, 발표, 동료 & 학부모 평가 사례

4. 차시별 프로세스폴리오 계획 예시

　앞서 소개한 수업 계획에서는 차시별로 각 차시에 다루어진 핵심개념과 성취기준, 그리고 학습목표를 고려하여 다음과 같이 프로세스폴리오 계획을 구체화하는 것이 가능하다. 단, 실제 수업에서는 학습목표와 진도에 따라 앞 절에서 제시된 평가기준을 융통성 있게 활용하는 것이 더 효율적일 수도 있다.

1~2차시	패스트패션을 실세계 문제 상황으로 인식하기 다양한 관점에서 소비 패턴 분석하기

1. 내가 가지고 있는 옷들 정리해 보기: 해당 차시 수업을 시작하기 전에 자신이 갖고 있는 옷의 종류, 어떤 옷을 즐겨 입는지, 어떻게 옷을 구매하는지, 어느 정도의 가격에서 구매하는지 등에 대하여 적어 본다.
2. 가상쇼핑 구매상품 정리하기: 장바구니 화면을 캡처하고 그 옷을 선택한 이유와 옷의 구성 재료 등 구매상품과 관련된 내용을 정리하여 적어 본다.
3. 모둠별로 구매한 상품의 목록을 모두 수집한 후에 다시 재분류하는 활동을 하고 그 결과를 정리한다. 분류 기준을 제시하고 그에 따른 분류를 다양하게 표현해 본다(학습자는 수형도, 그래프, 표, 목록의 단순 나열, 그림 등 다양하게 표현할 수 있다).
4. 모둠별로 자신들의 표현 방법을 평가해 본다. 즉, 각 표현 방법의 장점과 단점을 각각 기록한다.
5. 전체 발표 이후에 되도록 많은 장점을 포함할 수 있는 표현 방법을 결정하여 자료를 나타내 본다.

3~4차시	패스트패션 관련 자료를 탐색하고 마인드맵 작성하기

1. 패스트패션의 장점과 단점에 대하여 적어 보기
2. 핵심 단어 추출: 동영상에 나타난 핵심단어 적어 보기
3. 마인드맵 작성하기
  ① 개인별로 작성한다.
  ② 모둠에서 개인별 맵을 수집하여 정리하고 결과를 범주화한다. 이 모둠별 결과는 전체 발표 후에 스캔하여 자신의 프로세스폴리오에 붙이도록 한다.
4. 전체 발표 이후에 관심 있거나 탐구하고 싶은 범주를 생각하고 결정한다.

5차시	옷의 소재와 성분 조사하기 옷이 생산되는 공정 과정 조사하기

1. 태그 살펴보기: 실제 입고 있는 옷의 태그를 확인하게 한다. 앞서 가상쇼핑으로 구매한 태그를 확인하도록 한다.
2. 모둠별로 태그를 선택하여 분석하기: 태그에 대한 기준을 마련하고 결과를 정리한다.
3. 모둠이 분류한 섬유의 특징을 다양하게 표현한다.

6차시	패스트패션이 환경에 미치는 영향 탐색하기

1. '옷이 만들어지기까지' 전반에 대한 마인드맵을 그려 본다(포스트잇 사용). 사진으로 저장한다.
2. 모둠원의 마인드맵을 옷의 공정 과정을 기준으로 재배치하여 사진으로 저장한다.
3. 모둠별로 옷의 공정 과정을 평가하고, 각 조의 장점과 단점을 기록한다.
4. 우리 조의 공정 과정을 재정리한다.
5. '공장주변의 환경'에 대한 조별 토론 결과를 사진/그림으로 기록한다.

7차시	물 정화 실험 결과를 분석하고 수질오염과의 관계를 설명하기

1. 과학실에서 희석 활동에 사용할 수 있는 다양한 도구에 대해 적어 본다.
2. 가장 적절한 도구와 적절한 방법을 모둠원들이 토의하여 적어 본다.
3. 계획에 따라 희석 활동을 진행하며 투입된 물의 양을 기록한다.
4. 1mL의 염색액을 희석하기 위해 사용된 물의 양을 깨끗한 물의 투입 횟수에 따라 나타내고 측정 기준과 내용을 기록한다.
5. 1mL의 염색액을 희석하는데 사용한 물의 양을 가장 적절한 방법으로 표현한다.
6. 모둠별로 자신의 표현 방법을 평가하여 장점과 단점을 기록한다.

8차시	의류 생산, 소비와 폐기 과정이 환경에 주는 영향을 알아보고 해결 방안 탐색하기

1. 제시된 사례에 대한 특성을 정리하여 기록한다.
2. 사례에서 보이는 친환경적 요소가 옷의 공정 과정 중 어떤 단계에서 환경에 긍정적인 영향을 미치는지 분석하여 기록한다.
3. 패스트패션과 친환경 의류 사례가 보이는 차이점에 대해 기록한다.
4. 모둠 발표를 통해 각각의 모둠에서 보이는 '친환경 기준'에 대해 근거를 제시하며 평가한다.
5. 앞으로 자신이 가져야 할 소비패턴에 대해 생각하여 적어 본다.

9~10 차시	천연 염색과 합성염료를 이용한 염색을 비교하며, 천연색의 아름다움을 느끼고 자연의 중요성을 인식하기

1. 자연과 인간의 관계에 대해 생각해 보기: 수업을 시작하기 전에 나는 자연과 사람들의 관계에 대해 어떻게 생각하고 있었는지 생각해 본다.
2. 주변에서 볼 수 있는 자연물과 인공물 비교해 보기: 주변에서 자주 볼 수 있는 자연물과 인공물의 느낌이 어떻게 다른지 이야기해 본다. 또한 비슷한 색의 자연물과 인공물에서 어떤 느낌을 받았는지 자연스럽게 이야기해 본다.
3. 천연 염색의 과정에서 느낀 점에 대하여 반성적 글쓰기: 천연 염색 활동을 통해서 알게 된 점과 자연에서 얻을 수 있는 색에 대한 나의 생각, 그리고 내가 가지고 있던 자연과 인간에 대한 관점에서 무엇이 달라졌는지 써 본다.
4. 천연 염색 결과물에 대한 자기 평가 및 상호 평가하기: 천연 염색 활동을 통해 얻은 자신의 결과물에 대해 자기 평가를 하고 친구들과 의견을 나누며 잘된 점과 보완해야 할 점 그리고 서로 느낀 점을 공유하며 상호 평가해 본다.

11~12 차시	패스트패션 소비가 사회에 주는 영향 탐구하기 I

1. 사회과학 연구자들 떠올려 보기: 내가 들어 본 사회과학 연구자들을 떠올려 본다.
2. 브레인스토밍하기: 전 차시에 배운 내용을 떠올리고, 자신이 평소 관심 있었던 분야를 중심으로 생각을 확장시켜 적는다.
3. 인터넷 조사활동 하기: 인터넷 검색을 통해 모둠에서 정한 주제를 조사하고, 관련 자료를 출력하고, 사진 등을 캡처하여 활동 자료로 구성한다.
4. 일일기자활동 하기: 자신의 흥미와 관심에 따라 역할을 정하여 각자의 역할에 맞는 활동을 한다. 면담기자의 경우, 면담 참여자에게 모둠에서 도출한 질문을 하고, 사진기자의 경우 면담 장면을 사진 찍어 생동감 있는 면담 상황을 보여 줄 수 있도록 한다.
5. 모둠별 발표자료: 사진, 면담 내용 정리, 인터넷 조사자료 정리 자료를 토대로 발표 자료를 구성한다. 어떤 내용을 헤드라인으로 할지, 어떤 내용을 넣고 뺄지 모둠별로 정한다.

13차시	패스트패션 소비가 사회에 주는 영향 탐구하기 II

1. 환율 계산: 여러 나라의 임금을 조사하고, 이를 환율에 따라 계산하는 활동을 통해 환율의 의미를 이해한다.
2. 노동자 임금 비율 계산: 각 나라의 물가를 조사하고 물가를 고려해 보았을 때 노동자의 임금의 가치를 생각해 본다. 교사는 미리 몇 가지 사례를 조사하여 기록한다.
3. 합리적인 임금 체계의 요건: 인터넷 검색, 면담 등 사회과학 연구방법을 통해 조사하고, 정리하고, 모둠별로 종합하여 발표한다.
4. 모둠별 토의: 나라별로 적합한 임금 수준과 조정해야 하는 비율을 조사 자료를 토대로 토의하여 정리한다.

14차시	다양한 매체를 중심으로 소비의 문제를 비판적으로 이해하기
1. 광고나 영상물, 문학 작품의 줄거리/전개 내용, 표현 방식 등을 정리해 보기 2. 광고나 영상물의 제작 의도를 추론하여 적어 보기 3. 광고나 영상물의 제작 의도와 시적 화자의 입장을 비교·정리해 보기	

15차시	패스트패션 문제에 대하여 신문기사 써 보기
1. 글쓰기의 과정별로 아이디어를 메모해 보기 2. 한 편의 완성될 글을 적어 보기	

16차시	패스트패션 문제에 대하여 신문기사 써 보기
1. 5~15차시에 수집한 자료와 그 분석 결과를 재배열하기 2. 재배열하게 된 이유와 개인적인 탐구 주제에 대하여 필요하면 보충자료를 수집하기 3. 문제 해결 방안 제시하기 4. 이번 차시를 진행하면서 새롭게 알게 되거나 느낀 점 적어 보기	

17~18 차시	패스트패션의 주요 쟁점과 그에 대한 해결방안을 유튜브 동영상으로 제작하기
1. 모둠원 각자의 역할과 미팅 계획세우기 2. 모둠원들 모두가 참여하여 제작한 UCC 자료 만들기	

19~20 차시	프로세스폴리오 정리

1. 전체 프로그램에 참여하면서 재미있었던 점, 어려웠던 점, 개선해야 할 점 기록하기
2. 패스트패션에 대한 자신의 생각과 주장을 명확하게 정리하기
3. 문제에 대한 모둠에서의 해결 방안을 중심으로 자신의 생각을 정리하여 기록하기
4. 패스트패션의 긍정적인 측면은 무엇인지 생각해 보기
5. 내가 실천할 수 있는 방법을 구체적으로 기록하기

5장

패스트패션 프로그램을
마무리하며

옷은 인간이 삶을 영위하기 위한 3대 필요조건 중 첫째이며, 패션은 개성이 점점 강조되는 21세기의 학습자에게 개인의 정체성과 연관되는 중요한 요소 중 하나이다. 패션은 자신감의 형성과 또래집단 속 인정 욕구의 충족에 있어 중요한 요인이다. 또한 대중문화의 소비를 통한 정체성 형성에 있어서도 패션은 중요한 요소가 된다. 패션을 통하여 학습자는 소위 '스타들'과 정의적 관계를 형성하기도 하고, 또래들과 동질감을 공유하기도 하며, 그를 통하여 하위문화를 형성해 나가기 때문이다. 패션은 여전히 공동체지향성이 높은 우리나라의 학습자에게 큰 관심의 대상일 수밖에 없다.

이 책은 '교과통합적' 교육의 테마로 '패스트패션'을 선정하였다. 학습자를 학습과 수업 활동에 관여시키기 위해서는 개인적·집단적 관심사에 맞는 테마를 선정하는 것이 중요하기 때문이다.

패스트패션은 다른 여러 현상들처럼 21세기가 만들어 낸 양날의 칼이다. 패스트패션에 대하여 접근할 때 우리들은 '균형 감각'을 유지해야 한다. 그것이 '복잡계'를 형성하고 있기 때문이다. 4차 산업혁명이 화두로 떠오르면서 (ZARA와 UNIQLO 등) 패스트패션 기업의 성공사례들이 부러움의 대상이 되고 있다. 그 창업자들은 세계적인 혹은 국가적인 부호가 되었다. 이와 같이 새로운 '비지니스 모델'을 창출하는 선도자들(first movers)이 여러 분야에서 나와야 우리나라가 현재의 저성장의 터널을 벗어날 수 있다고 지적되기도 한다(연철웅, 2016). 21세기의 학교교육에서는 분명히 이렇게 새로운 경영과 유통 방식을 '개척'하는 기업가정신과 창의력의 교육적 신장을 도모해야 할 것이다.

[그림 5-1] 렘브란트의 「야경」

　그러나 '빛의 화가' 렘브란트의 그림에서와 같이 밝은 부분에만
정신을 팔다 보면, 자칫 어두움 속에 숨겨진 존재들은 못 보고 지나
가게 된다. 겉으로 나타나지 않는 문제들에 대하여, 그것이 표면으
로 드러날 때 해결하면 된다고 주장할 수 있으나, 문제가 심각한 문
제로 드러날 때에는 이미 돌이키기 어려운 화근이 되어 때 늦은 후
회조차 소용이 없어질 수도 있다.

　이런 '실수'를 미연에 방지하기 위해서는 '통전적인' 전망을 가지
고 사태를 바라볼 수 있어야 한다. 따라서 이 패스트패션 프로그램
에서는 학습자로 하여금 그러한 '균형 잡힌' 사고를 하도록 격려하
고자 하였다. 우선 현재의 패스트패션에 대한 전반적인 이해를 돕
고, 이를 바탕으로 관련된 문제점들을 찾아내게 구성하였다. 그것
이 더 커져 인류의, 지구의 암 덩어리 같은 치명적인 위험 요소가
되기 전에 위험요소를 인식하고 그에 대한 해결책을 찾아내고 해

결할 필요가 있기 때문이다. 이를 위해서는 여러 교과의 시각과 통찰력이 '융복합'될 필요가 있으며, 따라서 이 책이 취하고 있는 접근 방식은 높은 의의를 지닌다.

모든 문제에 대한 해결책은 그에 대한 인식에서 시작된다. 그리고 그에 대한 심오한 이해를 위하여 정보를 수집하고, 문제의 해결을 위한 가설들을 설정한 후 그중 가장 적절한 것을 해결책으로 선택할 수 있어야 한다(Dewey, 1925). 이는 기본적으로 실행연구의 과정과도 일맥상통하는데, 학습자와 교수자들이 이 과정에 익숙해질 수 있도록 이 패스트패션 프로그램은 '문제기반학습(PBL)'의 틀을 차용하였다.

이 과정에서 학습자는 정보를 수집하고 처리하여 지식화하는 개인적 경험을 하고, 자신의 생각과 의견을 소통하고 조율하며 의사소통을 통한 집단적 협력의 경험을 한다. 사회적 문제의 해결책은 통상적으로 사람들의 지식과 기술, 가치관, 태도, 기량에서의 변화를 필요로 하기 때문에 학습자는 스스로 의사결정 과정을 거칠 필요가 있다. 이렇게, 문제에 대한 인식에서 시작하여 그것을 해결해 나가는 '문제 해결' 과정은 도구 사용, 탐구와 학습, 집단에서의 상호 작용, 비판성, 창의성 등 21세기의 학습자가 반드시 함양해야 할 중요한 역량들의 '융복합적' 발휘와 통합을 요구한다. 따라서 이 패스트패션 프로그램은 그러한 역량의 함양을 다차원적인 학습 목표로 설정하고 달성하기에 긴요한 귀중한 교수적 자산이 될 수 있을 것이다.

이 패스트패션 프로그램은 통째로 자유학기제에서 이용될 수 있을 것이다. 학습자에게 파편적인 지식들이 통합되는 신선한 경험을 제공하고, 이 세상이 참 복잡하다는 것을 예시하며, 협력의 즐거움을 알게 해 줄 것이다. 다른 한편으로 의사소통이나 문제 해결이 쉽지 않음도 깨닫게 할 것이다. 그리고 크고 작은 수준에서 해결책을 제안하고 시도해 봄으로써 학습자는 21세기 미래를 디자인하는 데 반드시 필요한 '행위자성(agency)'의 행사와 확장을 경험하게 될 것이다. 이렇게 해결책의 실행과 그에 따른 변화의 경험이 정말 중요한데, 프로그램을 마친 후 2~4주 후에 학습자의 개인적 결심이 생활에서 지속적으로 실현되고 있는지, 어떠한 변화가 실질적으로 일어났는지를 상호 점검하는 기회를 가지면 좋을 것이다.

이 프로그램의 구성 요소들은 개별 교과 수업의 확장에도 잘 이용될 수 있을 것이다. 패스트패션 산업이 걸쳐 있는 영역이 매우 넓어 관련 내용이 여러 교과에 걸쳐서 다루어질 것이기 때문이다. 우리가 이미 살펴 본 바와 같이, 이 산업은 이 세계의 여러 나라, 여러 영역에 걸쳐 노동, 생산, 소비, 유통, 그리고 재능이 융복합되어야 존속될 수 있다. 따라서 패스트패션 관련 내용이 개별 교과의 확장에 이용될 경우, 교과간 상호 연결고리의 형성을 통해 학습자의 통합적·융복합적 사고에의 단초를 제공할 것이다. 아울러 교수자들은 다양한 방식으로 교육과정을 재구성하는 경험을 하게 되고, 담당 교과에 대해 더 심도 깊은 이해를 할 뿐 아니라 타 교과의 교수자들과 융복합 프로그램을 공동 개발할 역량도 함양하게 될 것이다.

패스트패션은 이 실세계의 '복잡성'과 '융복합성'을 잘 드러내는 매우 '비옥한' 주제이다. 이러한 주제는 또 얼마든지 발견될 수 있다. 그 예시로 '에너지'가 가능하다고 판단되는데, 이는 생산과 전달 그리고 소비 과정에 대한 이해가 여러 교과적 관점의 융복합을 필요로 하기 때문이다. 비슷한 이유로 '평창 동계올림픽'과 같은 전지구적 이벤트를 테마로 선택할 수도 있고, '변화' '의존과 독립' '패턴' 등이나(Perkins, 1989), '조화' '사이클(순환)' '가치/값' 등도 좀 더 추상적인 테마로 사용할 수 있다(Fogarty, 2009). 즉, 이 실세계를 이해하는 데 필요하고, 공통적으로 여러 교과에서 중요한 '큰 아이디어'를 선택하고 그 아이디어가 학습자의 삶의 맥락과 밀접하게 연결되어 있는지 검토한다면 또 다른 융복합교육의 테마로 활용 가능한 것이다.

이러한 '비옥한' 테마를 중심으로 하여 '모험심 있는' 교수자(공동체)들의 자기주도적인 도전과 실천이 지속되면, 이는 필경 학교 시스템이 융복합교육에 더 친화적인 되는 방향으로 재구조화되게 하기에 이를 것이다. 그리고 궁극적으로 이렇게 교육과정을 재구성하며 좀 더 학습자에게 다가가는 교육을 실천하는 '자율적인' 교사(공동체)들이 적극적으로 '행위자성'을 발휘하고 학교 행정이 그를 충분하게 지원할 때 우리나라 교육은 계절의 변화를 경험하고 어느새 학교와 지역 공동체 모두가 푸르고 푸른 계절의 한복판에 있음을 보게 될 것이다.

참고문헌

1. 패스트패션 열기

교육부(2015). 초·중등학교 교육과정 총론, 교육부 고시 제2015-74호 [별책 1], 교육부.

김경희, 김수진, 김남희, 박선용, 김지영, 박효희, 정송(2008). 국제 학업상취도 평가(TIMSS/PISA)에서 나타난 우리나라 중고등학생의 성취 변화의 특성 (RRE 2008-3-1). 한국교육과정평가원.

김성숙, 이혜원, 조성민, 박혜영(2016). OECD 국제 학업성취도 평가 연구: PISA 2015 결과보고서 (RRE 2016-2-2). 한국교육과정평가원.

연철웅(2016). 4차 산업혁명 시대, 저성장 터널에서 벗어날 해법은? Korea IT Times: Global News Network (2016. 12. 10.).

이선경, 구하라, 김선아, 김시정, 문종은, 박영석, 신혜원, 안성호, 유병규, 이삼형, 이승희, 이은연, 주미경, 차윤경, 함승환, 황세영(2013). 융복합 교육 프로그램 구성을 위한 기초 연구: 현장 사례 분석을 통한 구성틀 적용 가능성 탐색. 학습자중심교과교육연구, 13(3), 483-513.

차윤경, 김선아, 김시정, 문종은, 송륜진, 박영석, 박주호, 안성호, 이삼형, 이선경, 이은연, 주미경, 함승환, 황세영(2014). 융복합 교육의 이론과 실제. 서울: 학지사.

차윤경, 안성호, 주미경, 함승환(2016). 융복합 교육의 확장적 재개념화 가능성 탐색. 다문화교육연구, 9(1), 153-183.

한용진(2010). 세계화 3.0시대의 교육론. 교육정치학연구, 17(4), 203-216.

함승환, 구하라, 김선아, 김시정, 문종은, 박영석, 박주호, 안성호, 유병규, 이삼형, 이선경, 주미경, 차윤경, 황세영(2013). '융복합 교육'개념화: 융(복)합적 교육 관련 담론과 현장 교사 포커스 그룹 면담을 중심으로. 교육과정평가연구, 16(1), 107-136.

Cline, E. L. (2013). 나는 왜 패스트패션에 열광했는가: 어느 쇼퍼홀릭의 무분별한 쇼팽 탈출기 (윤미나 역). 서울: 세종서적. (원저는 2012년 출간)

Drake, S. M., & & Burns, R. C. (2006). 통합 교육과정(박영무, 강현석, 김인숙, 허영식 공역). 서울: 원미사. (원저는 2004년 출간)

Forgarty, R. (2009). *How to interate the curricula* (3rd ed.). Thousand Oaks, CA: Corwin Press.

Schwab, K. (2014). The fourth industrial revolution. World Economic Forum.

UNESCO (2012). Shaping the education of tomorrow: 2012 Report on the UN decade of education for sustainable development (Translated by the Korean National Commission for UNESCO). UNESCO, Paris.

World Economic Forum (2015). New Vision for education: Unlocking the potential of technology. Geneva, Switzerland: World Economic Forum. Retrieved from http://www3.weforum.org/docs/WEFUSA_NewVision forEducation_Report2015.pdf

21st century skills map for social studies. Retrieved fromhttp://www.p21. org/storage/documents/ss_map_11_12_08.pdf. [2016.1.18.]

2. 패스트패션과 교과

교육부(2015a). 과학과 교육과정. 교육부 고시 제2015-74호[별책 9]. 교육부.

교육부(2015b). 사회과 교육과정 교육부 고시 제2015-74호[별책 7], 교육부.

교육부(2015c). 초 · 중등학교 교육과정 총론. 교육부 고시 제2015-74호 [별책 1].

김동영, 곽영순, 동효관, 이상하, 이인호, 이정우, 김정효, 김현미, 박상욱, 최정순 (2013). 21C 미래사회 핵심역량 신장을 위한 평가모형 및 평가문항 개발─ 초등학교 과학 · 중학교 사회를 중심으로(CRE 2013-6-1). 한국교육과정평가원.

김선아, 안금희, 장지성, 윤영섭, 김현정(2012). 중학교 미술. 서울: 천재교육

김선아, 이삼형, 김시정, 이승희, 박선희(2013). 숙의를 통한 융복합교육과정의 가능성 탐색: 미술과-국어과 교육과정을 중심으로. 미술교육논총, 27(1), 71-96.

김성곤, 윤정미, 강은경, 이희경, 유원호, 윤여경, 장성욱, 주혜연, 박성민, 손지선, Jahanna L. Haas. (2013). Middle School English 1. 서울: 동아출판사.

김진완, 안병규, 오준일, 김순천, 박성근, 신수진, 조성옥, 조현정, 김보라, Judy Yin. (2013). Middle School English 1. 서울: 천재교육.

김찬종, 현종오, 김희백, 송진웅, 김경숙, 김미경, 김상협, 김형석, 조현수, 박미연, 윤명섭, 이태원(2011). 중학교 과학3. 서울: 두산동아

박영목, 정호웅, 천경록, 양기식, 이은경, 나윤, 전은주, 박형래, 박의용, 서우종, 남영민, 이해진, 하고운(2013), "돌아오지 않는 새들을 기다리며". 중학교 국어5. 서울: 천재교육.

박영석, 신혜원(2015). 융복합교육에서 관찰평가의 적용 사례 분석. 학습자중심교과교육연구, 15(12), 535-554.

박형준, 정석민, 김경모, 장경호, 한경동, 한진수(2013). 고등학교 경제. 서울: 천재교육.

성치경(2009). 학습을 목적으로 하는 평가. 부산교육, 32, 36-45.

유준희, 전민식, 이준규, 윤진, 최변각, 임채성, 권혜련, 강진철, 한재영, 임성민, 차정호, 임희연(2009). 중학교 과학1. 서울: 천재교육.

윤여탁, 조광국, 이병운, 김진식, 윤석민, 최미숙, 구본관, 김정우, 박종훈, 노지승, 정정순, 김주익, 최미애, 김기훈, 조성환, 김수학, 김화옥, 강용철, 김영은, 이현진, 신온누리(2013), "제비의 속도와 날벌레의 속도", 중학교 국어 3. 서울: 미래엔.

이근호, 김기철, 김사훈, 김현미, 이명진, 이상하, 이인제(2013a). 미래 핵심역량 계발을 위한 교과 교육과정 탐색: 교육과정, 교수·학습 및 교육평가 연계를 중심으로(RRC 2013-2). 한국교육과정평가원.

이삼형, 권순정, 김성룡, 김송이, 김중신, 김창원, 김현, 류소영, 류수열, 박윤경, 서영경, 오학진, 이성영, 장윤희, 정재찬, 최지현(2013), "아프리카 고릴라는 핸드폰을 미워해". 중학교 국어1. 서울: 두산동아.

이재영, 서성기, 문안나, 배태일, 오영일, 조수경, 김지민, 이유미, 안혜정, 이소현, Jay Robert Fraser(2013). Middle School English 1. 서울: 천재교육.

이진석, 탁승일, 유창호, 윤석희, 박영경, 황완길, 이태규, 박성윤, 이현진, 박형진 최승태, 최서윤, 이영경, 김성은(2012). 중학교 사회 1. 서울: 지학사.

전동렬, 홍훈기, 전상학, 박영도, 김호련, 유영선, 오소라, 김규태, 권오성, 심정규, 문무현, 김회성, 김현정, 김현희, 안성수(2011). 고등학교 과학. 서울: ㈜미래엔 컬처그룹.

차윤경, 김선아, 김시정, 문종은, 송륜진, 박영석, 박주호, 안성호, 이삼형, 이선경, 이은연, 주미경, 함승환, 황세영(2014). 융복합교육의 이론과 실제. 서울: 학지사.

한국교육과정평가원(2015). 미술과 교육과정 시안 개발 연구. 한국교육과정평가원 연구보고 CRC 2015-11.

Efland, A. (2006). 인지중심 미술 교육론 탐구(강현석 외 공역). 서울: 교육과학사. (원저는 2002년 출간).

4. 패스트패션 프로그램에서 학생평가하기

교육부(2015a). 초·중등학교 교육과정 총론. 교육부 고시 제2015-74호 [별책 1].

김경자, 곽상훈, 백남진, 송호현, 온정덕, 이승미, 한혜정, 허병훈, 홍은숙(2015). 2015 개정 교육과정 총론 시안 [최종안] 개발 연구. 교육부·국가교육과정 개정연구위원회.

김동영, 곽영순, 동효관, 이상하, 이인호, 이정우, 김정효, 김현미, 박상욱, 최정순(2013). 21C 미래사회 핵심역량 신장을 위한 평가모형 및 평가문항 개발-초등학교 과학·중학교 사회를 중심으로(CRE 2013-6-1). 한국교육과정평가원.

박영석, 신혜원(2015). 융복합 교육에서 관찰평가의 적용 사례 분석. 학습자중심교과교육연구, 15(12), 535-554.

성치경(2009). 학습을 목적으로 하는 평가. 부산교육, 32, 36-45.

이근호, 김기철, 김사훈, 김현미, 이명진, 이상하, 이인제(2013a). 미래 핵심역량 계발을 위한 교과 교육과정 탐색: 교육과정, 교수·학습 및 교육평가 연계를 중심으로(RRC 2013-2). 한국교육과정평가원.

차윤경, 김선아, 김시정, 문종은, 송륜진, 박영석, 박주호, 안성호, 이삼형, 이선경, 이은연, 주미경, 함승환, 황세영(2014). 융복합 교육의 이론과 실제. 서울: 학지사.

최상덕, 서영인, 이상은, 김기헌, 이옥화, 최영섭(2014). 미래 인재 양성을 위한 핵심역량 교육 및 혁신적 학습생태계 구축(Ⅱ)(RR 2014-16). 한국교육개발원.

최상덕, 서영인, 이상은, 김기헌, 이옥화, 최영섭(2014). 미래 인재 양성을 위한 핵심역량 교육 및 혁신적 학습생태계 구축(Ⅱ)(RR 2014-16). 한국교육개발원.

Johnson, N. J., and Rose, L. M. (1997). *Portfolios: Clarifying, constructing, and enhancing.* Lancaster, PA: Technomic Publishing.

McMillan, J. H. (2015). *Classroom Assessment: principles and practice for effective instruction.* MA: Allyn & Bacon.

5. 패스트패션 프로그램을 마무리하며

연철웅(2016). 4차 산업혁명 시대, 저성장 터널을 벗어날 해법은? Korea IT Times: Global News Network (2016. 12. 10.).

Dewey, J. (1925). *Democracy and education.* New York: Macmillan.

Fogarty, R. (2009) *How to integrate the curricula, third edition.* Thousand Oaks, CA: Corwin.

Perkins, D. N. (1989). Selecting fertile themes for integrated learning. In H. H. Jacobs (Ed.), *Interdisciplinary curriculum: Design and implementation* (pp. 67-76). Alexandria, VA: Association for Supervision and Development.

저자 소개

차윤경(YunKyung Cha)
미국 스탠포드 대학교 철학박사, 교육사회학 전공
현) 한양대학교 사범대학 교육학과 교수
연구분야) 교육사회학, 다문화교육

김선아(SunAh Kim)
미국 시라큐스 대학교 교육학 박사, 미술교육 전공
현) 한양대학교 사범대학 응용미술교육과 교수
연구분야) 미술교육, 다문화미술교육, 질적연구방법론

김시정(Kim Sijeong)
한양대학교 교육학 박사, 국어교육 전공
현) 한양대학교 사범대학 SSK융복합교육연구모델 개발연구단 전임연구원
연구분야) 국어(문법)교육, 융복합 기반 국어교육

문종은(Jong-Eun Moon)
이화여자대학교 수학교육학 박사
현) (사)무지개뜨는언덕 다문화교육연구소 소장, 수원대학교 수학과 객원교수
연구분야) 융복합수학수업 개발연구

박미영(Mi-Yeong Park)
이화여자대학교 수학교육학 박사
현) 한양대학교 한국교육문제연구소 연구원, 한양대학교 자연대학 수학과 강사
연구분야) 수학교사의 평가전문성, 융복합교육에서 학생평가

박영석(Young-Serk Park)
서울대학교 교육학 박사, 일반사회 전공
현) 경인교육대학교 사회교육과 교수
연구분야) 사회과교육, 경제교육

신혜원(Hyewon Shin)
서울대학교 교육학 박사, 일반사회 전공
현) 한양대학교 사범대학 SSK융복합교육연구모델 개발연구단 전임연구원
연구분야) 사회과교육, 경제교육

안계명(성호)(S.-H, Gyemyong Ahn)
코네티컷 대학교 언어학 박사, 통사론 전공
현) 한양대학교 사범대학 영어교육과/다문화교육학과 교수, SSK 융복합교육연
    구모델 개발 연구단 공동연구원
연구분야) 언어학 교육, 비판적사고 교육, 융복합교육, 다문화영어교육

유금복(Kumbok Ryu)
서울대학교 생물교육과 박사과정
연구분야) 과학교육, 생물교육, 예비교사교육

이문우(Mun Woo Lee)
인디애나 대학교 언어 교육학 박사, 제2언어 교수학습 전공
현) 한양대학교 아태지역연구센터 부교수
연구분야) 사회문화적 관점에서 본 제2언어 학습, 언어 이데올로기, 언어와 자아
정체성, 교사전문성 향상, 비판적 담화분석

이선경(Sun-Kyung Lee)
서울대학교 교육학 박사, 과학교육(생물교육) 전공
현) 청주교육대학교 과학교육과 교수
연구분야) 환경교육, 지속가능발전교육, 생물교육, 교수학습전략, 교사교육

정수용(Soo-Yong Jung)
한양대학교 대학원 수학교육학과 석사
현) 한양대학교 사범대학 다문화교육학과 박사과정
연구분야) 수학교육, 다문화교육, 융복합교육

주미경(Mi-Kyung Ju)
미국 캘리포니아 대학교 수학교육학 박사
현) 한양대학교 사범대학 수학교육과 교수
연구분야) 수학교육, 다문화교육, 교사교육

황세영(Seyoung Hwang)
영국 배스 대학교 교육학 박사
현) 한국청소년정책연구원 부연구위원
연구분야) 환경교육, 과학교육, 청소년 활동 프로그램

융복합교육 실행연구 총서 1

창의융합적 문제해결력 신장을 위한
패스트패션 맥락의 융복합교육
–당신은 어떤 옷을 입습니까?–

"Fast Fashion": Yungbokhap Education for the Enhancement of Problem-
Solving Competencies based on Creativity and Convergence
-What kind of clothes do you wear?-

2017년 8월 25일 1판 1쇄 인쇄
2017년 8월 30일 1판 1쇄 발행

지은이 • 차윤경 · 김선아 · 김시정 · 문종은 · 박미영 · 박영석 · 신혜원
　　　　안계명 · 유금복 · 이문우 · 이선경 · 정수용 · 주미경 · 황세영
펴낸이 • 김진환
펴낸곳 • ㈜ **학지사**

04031 서울특별시 마포구 양화로 15길 20 마인드월드빌딩
대표전화 • 02-330-5114　　팩스 • 02-324-2345
등록번호 • 제313-2006-000265호

홈페이지 • http://www.hakjisa.co.kr
페이스북 • https://www.facebook.com/hakjisa

ISBN 978-89-997-1319-4　93370

정가 14,000원

이 도서의 국립중앙도서관 출판시도서목록(CIP)은 서지정보유통지
원시스템 홈페이지(http://seoji.nl.go.kr)와 국가자료공동목록시스템
(http://www.nl.go.kr/kolisnet)에서 이용하실 수 있습니다.
(CIP 제어번호: CIP2017022390)

······· 교육문화출판미디어그룹 **학 지사** ·······

심리검사연구소 **인싸이트** www.inpsyt.co.kr
원격교육연수원 **카운피아** www.counpia.com
학술논문서비스 **뉴논문** www.newnonmun.com

부록 파일은 학지사 홈페이지 내 자료실에서 다운받아 사용하세요.